志村流

志村けん

三笠書房

はじめに

振り返ると、人生、もう半分以上来てしまった。けれど、好きな道一筋で、ここまで来られたのだから、けっこう幸せだったと思う。そりゃ、人には言えない苦労もずいぶんした。いまでは笑って話せることもあるけれど、吐きそうなくらいつらかったことや悲しかったこと、悔しかったこともたくさんあった。でも、最後は自分しかいない、最後の頼りは自分だけ、という信念みたいなものがあったからこそ、何とか頑張ってこられたのかもしれない。

つき合いで飲まなきゃいけないときは、夜遅くまで笑って飲んで、相手が酔いつぶれている間に、こっちは寝ないでお笑いの勉強に精を出していた。睡眠不足でのハードな仕事の連続は、正直言ってきつかったな。でも、それは、人と同じことをしていたら、この業界で生き残ることは難しいのがわかっていたからだ。自分しかできない演技、自分独自の芸というものを早く確立したい、そういう思いで頑張ってきたんだけど……ね。

住んでいる世界は違いこそすれ、人生や仕事において成功したいという、オレと同じ考えで、一生懸命に頑張っているサラリーマンの人たちも、いまの世の中、生き残りはかなり大変だと思う。いまの時代、いろんなことが新しくなって、ついて行くのもひと苦労。会社側から自己否定みたいな真似をされると、「オレっていったい何なの」って気持ちにもなるだろうし、時には全部を放り投げて、「や〜めた」とケツをまくりたくもなるだろう。

そんな時、たまたま読んだ本が発想の転換のヒントになったり、何気なく聞いた曲とか友達のひと言に、思いがけず勇気づけられたりすることがあるものだ。そんなもののひとつになればいいな、と思ってこの本を書いてみた。

だれもが、明日は今日よりもっといい生活をしたい、と考えているはずだ。いま飲んでいる酒より高級な酒を、いま住んでるアパートよりもっといいマンションに、さらには一戸建ての家に。車も買い替えたいし、できれば外車に……なんていうふうに。

そのためには、もっと稼がなければいけないし（出世なんかもね）、金を作る方法を考えなければならないだろう。たしかに、金をいまより稼ぐためには、これまで以上の努力とアイデアが必要だし、さらには人生の時間を犠牲にしなければならない。でも、意外と簡単に、毎日の習慣や行動、仕事やお金に対する考え方、とらえ方を少し変えただけで、成功に少しでも近づけるかもしれないし、場合によっては、状況は同じでも満足感が違ってくるかもしれない。

モノは考えようで、どうやって稼ぐかを日夜追求して金持ちになった人たちがいる一方で、どうすれば金を使わずに済むか、出ていかなくできるか、といったケチ道を実践して、金持ちになった人もいる。稼ぐことよりも、ケチることに喜びを見つけるというのも、逆転の発想でいいかもしれない。もっとも、ケチだけで世界一の金持ちになったという話は、まだ聞いたことがないけれど、物事に正しい考え方はひとつ、というわけではなさそうだ。

どんなに時代が進もうが、後退しようが、自分の信じた道を行くっていうのが、いちばんのような気がするね。それに、いつの時代も、成功した人に学ぶことは多いけれど、そういった人たちが守ってきた人生哲学って、意外なほど拍子抜けするような、常識的な、当たり前のことだったりするものだ。

礼儀作法や時間厳守、努力と忍耐、蓄積と継続……などなど、当たり前のことが出来て、少しの才能と個性、それに決断力があれば、今日より明日は、いい生活が出来るかもしれない。そのことに、どうやって気づくかが、大切じゃないのかな。オレも偉そうなことは言えないけど、常識の線だけは、かなりマトモだと思っているし、「常識人の変な人」というのが、オレの目指すところだ。

実際、この本を読んだすべての人が、オレと同じように感じるはずはないし、考えることもないんだけど、「やってみようかな」とか「明日、頑張ろう」という、きっかけのひとつになってくれれば、うれしいな。

志村流

目次

第1章

人生一生が二十四時間だとしたら

第2章

お金

肝には金を使え

第3章 ビジネス

常識なくして成功なし

第4章

処世術

マネがマネーを生む

企画・構成／吉野信吾

第1章

一生が二十四時間だとしたら

人生

変わる、ということ

日本は、ここ何年も元気がない。新聞ネタや巷《ちまた》の話題だって、暗い話ばっかり。どんより重く沈んじゃっている感じがするよね。少しはサザエさん一家のような、ほのぼのとした心温まる出来事でも目にしたいものだ。

元気いっぱいで、笑いのある世の中に早く戻って欲しいと思うけれど、現状は相当厳しそう。だからこそ、世間は別として、せめて自分や自分のまわりだけは、笑い声の絶えない生活にもっていきたい、と本気で考えている。

振り返ってみれば、植木等さんの『無責任シリーズ』に代表されるような、高度成長期の「いけいけ、どんどん」の、元気のある世の中は、悲しいけれど終わってしまったな。いまでは、ビデオのなかでしか、当時の息吹や活気を感じることは出来ないけれど、そのビデオですら、いまやＤＶＤに取って代わられようとしている。

そのころの世間の常識として、だれもが疑わなかった「会社は家族、定年まで一生この会社に勤めます」という考え方は、もう過去のものとなってしまったし、「社員は皆家族」の代表的存在だった、あのM電器にさえ不況の波は押し寄せてきた。系列販売店が二万店もあるという一大家電王国。そこで働く人たちのうち「一万人を超す余剰人員の削減」という大リストラの見出しを新聞で見た。どうやら「あなたの町の電器屋さん」と言って、みんなに親しまれた、あの家族主義的な企業経営はもう続かないらしい。本当にキビシイ世の中になってしまったと思う。弱い者は切り捨てられてしまう非情な世界が、現実のものとなってしまって、この先いったいどうなるのか、予想もつかない。

でも、だからといって、暗い気分になって落ち込んでばかりもいられない。何とかしなくちゃいけないし、ものは考えようということで、植木等さんじゃないけれど、「そのうち何とか、なーるだろう～」のお気楽路線も捨てがたいものがある。

日本型ビジネス・スタイルの変貌

仕事を例にとれば、昔はどちらかというと、日本は個人競技より団体競技といった風潮だった。だけど、いまでは、個人の能力や個性を優先、というふうに変わってきたのは、逆にいいことかもしれない。ほんのひと昔前までは、「出る杭《くい》は打たれる」などと言われて、独立心が強くて、目立とうものなら「スタンドプレイが過ぎる奴《やつ》」と、後ろ指を差されたものだ。

オレは、小学生のころから、どちらかといえば内向的な性格だった。でも、「人を笑わせる」ということに関しては、まったく逆で目立ちたがり屋だった。目立つのは同級生の前でお笑いをやっている時だけで、後は妙におとなしかったけど……。子供なりにバランスを取っていたと言えば、そう言えなくもないけどね。

ま、オレのことは、この後たっぷり披露するとして、いま日本はこれまでの日本型ビジネスのスタイルだった全体主義から、百八十度転換して個人主義に脱皮している真っ最中だと思う。やっと欧米化してきた、ということでもあるんだろうけどね。

個人の能力や個性がきちんと認められて、評価されるのはいいことだけど、いきなり変われと言われても、ちと難しいものがある。実際、オレの知っている人のなかにも、突然会社の方針が個人能力主義になって、そのとたんにダメの烙印《らくいん》押されて、子会社の窓際に飛ばされた奴が何人もいる。

時代が変われば、ものさしも変わる

そこそこ何でも出来て、やってくれる「いいおじさん」は、昭和の時代には重宝がられていたけど、時代の流れとともに存在感が薄くなってしまったということだろうな。いわゆるジェネラリストっていうやつ。でも、オレは、その「いい人」の感じ、決して嫌いじゃないし、むしろ大好きなほうなんだよね。その人が醸し出す温かさ、ほのぼのとした雰囲気。それだけじゃ通用しないっていう現実もわかってはいるけど……。

つまり、昭和の三十センチのものさしは、二十一世紀ではもはや三十センチではなくなってしまったっていうこと。気を抜いてると、平成の定規もすぐに規定外になるかもしれない。そう考えるべきなんだろうけど、オレも含めて、なかなかすぐに変われないのが、昭和の名札をつけたサラリーマンのお父さんたちなんだよな。

でも、ここは気を取り直して、これからは何事も少し視点を変えて、斜めや逆さに見てみるっていうのはどうだろう。毎日見ているコップも、上から見たら丸だけど、横から見たら四角い。どちらも正しいんだけど、二十世紀の昭和の時代は上から見ている人が多かっただけ。でも、二十一世紀は横から見る人の数が圧倒的に多くなった。

そう考えればいいんじゃないの。

たかだか、そのくらいのこと。そう思えば案外、未来が明るく見えてくる。

一生を一日二十四時間で考えたら

最近は医学の進歩もあり、人の一生も昔に比べて、ずいぶんと長いものになった。日本人の場合、女性の平均寿命は八十一歳で、男性は七十六歳らしい。開発途上国の貧しい国のなかには、環境や医療の問題もあって、平均寿命が五十歳を切るところもあるという。オレの年なら、もうこの世にはいないということだ。

寿命が短いと、人生に対する考え方や価値観が、かなり違ってくるはずだ。それだけ時間の経《た》つ体感速度が速いはずだから、一分一秒を真剣にとらえるに違いない。

人生五十年だったら、「四十なんて、まだまだ若いよ」なんていう言葉は出ないだろうし、「明日やればいいいじゃない」という先延ばしの処世術なんかもなくなるはずだ。どこかの国会議員が言っていた「五十、六十は鼻たれ小僧」なんていうフレーズは絶対に聞かれない。

だれが言ったかは知らないけど、「人生は七十二年、それが丸一日だ」と聞いたことがある。日本人の平均寿命はもっと長いから、世界的に見たのかもしれない。

つまり、七十二歳＝一日＝二十四時間

そして、七十二歳÷二十四時間＝三歳

ということは、一時間＝三歳にあたることになる。

オレの場合を例にとると、いま五十二歳だから割る三で、人生の十七時過ぎ。十七時は午後五時だから、どうやら夕方の五時過ぎということになるらしい。夏場だったら、まだ明るいけど、冬ならかなり暗いたそがれ時。これから夜になるんだなぁと思うと、何だか寂しい気もする。ま、ものは考えようで、これから一日の最後の食事、ディナーが残っているから、楽しみがまんざらないわけでもないけれど……。

こうやって年齢を一日の時間に置き換えてみると、自分の一生を直観的にとらえることが出来る。しかも、いま置かれている自分の年齢の勢いみたいなものが太陽の強さでイメージ出来る。

男の働き盛り、ピークって、なぜ厄年の四十二歳なのか、一日に置き換えてみたら、よーくわかった。四十二歳＝十四時＝午後二時。つまり一日のうちで、いちばん陽が高いのだ。最も太陽の光が強い時＝人生のピークということなのだろう。

十八歳なんて新聞配達が来る朝の六時ごろだし、八十歳はというと深夜の二時半過ぎだ。人生を一周して、深夜番組の時間になってしまっている。百歳なんていったら、三十三時過ぎで、翌日の午前九時。夜明けを二回見て、朝の「とくダネ」の番組も見ることが出来る。かなりすごいよなぁ。

あなたの人生、いま何時？

日本でも、武家時代は平均寿命が五十歳以下だったらしい。当時の男子の成人は、たしか元服の儀式を行う十五歳だったと思う。平均寿命を五十歳として、それを一日二十四時間として考えると、五十歳÷二十四時間＝ほぼ二。一時間は二歳ということになる。

ということは、厄年の四十二歳といえば、割る二で二十一時だから、もう夜の九時だ。現代人の場合は午後二時だから、これから見ても昔の人の「人生スピード」がいかに速かったかがわかる。

　だから、その分大人だ。いまから四十年ほど前の映画に出てくる植木等さんなんていったら、設定は新入社員なのに、まぎれもないおっさん顔。若大将の加山雄三さんも大人だし、星由里子さんなんか、どう見ても学生じゃなく大人の女だ。いくら役だとはいえ、実際の年齢と、そんなに極端な開きはなかったはずだ。

　それに引きかえ、二十歳のオンナが「彼しが～、好きだっていってるし～」なんて言葉遣い、いつから蔓延《まんえん》し出したのかねぇ、ほんと。いまの大学生、ハッキリ言って、昔の小学生レベルに近いものがある。逆に、イマドキの中学生なんか、やってることといえば当時の大人顔負けだもんな。でも、いまのどの年代の学生も知性が欠けてるね。それに比べて、開発途上国の学生さんが、テレビのインタビューに答えていたりするのを見ると、物腰がしっかりしているし、日本の同年代の学生より、やっぱり考え方が大人だよな。

　話がちょっと脱線してしまったけど、こうやって一生を一日で考えてみると、四十二歳＝午後二時を過ぎたら、後は陽がだんだん傾き、陰って、やがて夜になっていく……。もし、もう午後二時を過ぎている人たちが、これから自分の欠点を直して再度ビジネスに挑戦しようとか、これまでの経験を生かして新たな仕事に転職しようと、密《ひそ》かに考えているとしたら、ここはもう一度、昇りつめてきたこれまでの時間と、沈みゆくこれからの時間というものを思い起こしてみたらどうだろう。

決してネガティブな意味じゃなくて、これからの自分の生き方、方向性が自然と見えてくる気がするけどね。

人生のアフター・ファイブに何をする?

さて、一生を二十四時間に見立てる話の続きだ。

陽が高いうちに、ある程度、人生の基盤が出来た人、一生二十四時間換算で、夕方の五時（五十二歳）あたりが限度だと思うけど、それまでに自分のやりたいことや仕事の方向性が決まっていて、まわりからも、ある程度認知された人はいい。こんな人は、人生の時間が、これからだんだんと夜に突入するんだから、夜を主体にした考え方にしていけばいい。夜に合う、夜に需要のあることに仕事の方向をシフトする。でも、これって、水商売をしろとか、警備関係の仕事をしろっていうことじゃない。

たとえば、定年退職した人たちが第二の人生と言っているもの。六十五歳で定年なら、もう夜の九時半過ぎだから、昼間やっていたような仕事や活動は難しい。ましてや深夜の零時まであと二時間半。ここは、もう飲みに出かけるか、好きな本でも読むか、それとも自宅で出来る趣味的な仕事をするか、といったところに落ち着く。これが俗に言う、趣味に生きるっていうことかもしれない。もう夜なんだから、できることも限られている。その範囲のなかで、最も充実感のあることをすればいい。

しかし、夕方の五時ごろになっても、何にも決まっていなかったり、成果を残していないとしたら……。会社だって五時か六時には終わりだし、終業時間まであと一時間しかないいんじゃ、大したことは出来ないもんな。残業っていうテもなくはないけど、いまや残業なんてほめられたものじゃないらしいし、仕事の出来ない人がやること、と思われがちだ。

オレと同じ年なら、まだ夕方の五時だから、深夜零時まであと七時間ある。でも、たぶん十時ごろになると就寝モードになるはずだから活発には動けない。だから、ここはどんなに遅くても九時ごろまでに出来ることにチャレンジしたほうが得策だ。午後五時から九時、つまり五十二歳から六十三歳までしか有効な活動時間はないけれど、ここは諦《あきら》めずに頑張ってみようじゃないの。

自分を『変なおじさん』に変身させてみる

夕方の五時や六時近くに差しかかっていても、本当に何も成果がなかったり、宙ぶらりんの状態なら、思いきって考え方を切り替えてみるというのもありじゃないか。

たとえば、この際、『変なおじさん』に変身してみる、っていうのはどうだろう。『変なおじさん』は、テレビ番組『志村けんのだいじょうぶだぁ』で、オレがいちばん多くやってきたキャラクターだ。若くて、可愛いオンナの子が大好きで、いろんなものに変装しては、たわいもないイタズラをやって喜んでいる困ったおじさんだ。

この『変なおじさん』、実はオレ自身なんだよ。オレの本心というか、本当はこうしたいっていう願望を、オレの代わりにやってくれている。

夕方五時近くになっても宙ぶらりんという人は、能力や才能がないというより、自分自身を解放できず、気持ちが萎《な》えてしまって、うまく出来ないでいることが多いと思うんだ。これまでつき合ってきた自分じゃうまく出来ないと思ったら、心のなかで『変なおじさん』にヘンシ〜ン、って掛け声をかけてみたらいい。いまは『変なおじさん』に変身している自分なのだ。だから、臆することなく、思いきってやれる。

つまり、『変なおじさん』に変身するってことは、地の自分をさらけ出すこと、自分の本心を解放してやることなんだよなぁ。人生も後半戦なんだから、いままでの自分や、まわりから作られてきた固定観念をとっぱらって、自分自身に素直になって生きていくってことがいちばんじゃないのかな。そうすれば、自ずと道は開けてくると思うよ。

それと、自分の人生、後半戦、後は夜を迎えるだけと落ち込まないことも大事。野球だって、昼間やるデーゲームよりナイターのほうが気持ちよくプレイできるじゃない。

日暮れになるのは、あっという間

こんなふうに一生を二十四時間に置き換えて、残された人生の時間をいかに有効に使うかという観点に立って見てみると、案外人生あっという間だということがわかって、少しはあせるよね。競馬なら、もう第四コーナーを回ってしまっている、なんてね。

三十歳以下の人たちなら、まだ午前十時前。でも、だからといって安心してはいられない。日暮れになるのは、あっという間だ。でも若い時って、そのことがわからないんだよなぁ。いまがずっと続くと思っている。

結局、物事やるのに、遅すぎるってことはないんだよなぁ。人生の、その時々の時間帯に合ったやるべきこと、やれることって、絶対にあるはずなんだ。だから、残された時間をポジティブにとらえてみることで、充実した生活ができ、同じ年月でもより満足を感じることが出来るかもしれない。

ところで、人間、最高に長生きしても百二十歳あたりが限界なのかな。百二十歳といえば、百二十歳÷三で、四十時だ。一日が終わって次の日の十六時、夕方の四時あたり。さすがに、もう一度、夜に突入とはいかないな。パチンコの確変連ちゃんじゃないんだから。

でも、限界の時が、夕方のたそがれ時というあたりが、妙に人間の運命みたいなものを感じてしまうね。

そう言えば、タイのお坊さんの袈裟《けさ》は柿色で、これは夕焼けの色だって聞いたことがある。バンコクにワットアルンという寺があって、これもきっと夕陽の寺院なんだろうな、と思っていたら、実は暁の寺院なんだって。ずいぶんと高い塔だった記憶があるけれど、夕方に登ったから勘違いしちゃったのかな。やっぱりオレって、ほんといい加減だよなぁ。

四十歳からは「ありもの利用」

三十歳までに、いろんなことに挑戦したり、冒険したりすることは大切なことだ。攻撃は最大の防御じゃないけれど、とにかく仕掛けてみればいい。仮に失敗したって、やり直す時間はまだ十分にあるし、その経験が後で必ず役に立つものだ。

それに比べて、失敗しないようにと、最初から守りの態勢に入る奴はダメだ。若いのに債券買ったり、定期預金などの蓄財にばかり走る奴。若いうちは金なんか貯《た》めないで、オレみたいにパーっと「宵越しの金は持たねぇ」的な生き方をしていれば、少なくとも年取ってから、妙に女に狂い咲いたり、変なだまされ方はしないよ。

将棋だって、双方が守りの姿勢なら勝負にならない。人生ゲームの前半戦には、積極的な攻撃が必要だし、時には冒険も必要だ。

しかし、年齢と一日の時間の関係から見ても、ある程度の年になったらゼロからの出発はつらい。特に四十歳を過ぎているのであれば、ビジネスや人生をリセットして、最初から始めるより、すでにあるものを利用するほうが得策だ。

未経験の人が一から新しい分野の仕事を始めると、基本的なものから勉強しなくちゃならないし、取引もすべてゼロから始めなければいけない。勉強しながら、本当にお金の稼げる仕事にできるかどうか、かなり難しいところだ。それより、これまでの経験や勘が働く分野を下敷きにして考えるほうが現実的。不動産関係の人は不動産、旅行関係の人は旅行業という具合に。

たとえば料理にしたって、いまからスープストックや鰹《かつお》だしを自ら手間隙《てまひま》かけて作っている時間はないから、そこは市販のものを買って来て利用してしまう。出来上がりがよければいいということを前提にね。レトルト食品だって、工夫の仕方ひとつで美味《おい》しくなるし、けっこううまいものだって、たくさんあるもん。

オレは料理が好きだけど、時間をかけてじっくり作るより、比較的「簡単」に出来て、「うまい」ものがいい。理屈はこれと同じだ。じっくり時間をかけて作ったうまい料理がすでに出来上がっているなら問題ないけれど、出来上がっていないとしたら、ここは時間を短縮して、つじつま合わせをすればいい。結果よければ、すべてよし。そういう発想の転換が必要だよね。

自分の延長線上で、別のやり方を模索する

オレみたいに、ある意味、この道何十年という仕事のやり方の人間というのは、スープストックを最初からず～っと手間隙かけて丁寧に作る、ガンコ一徹な洋食屋みたいな職人型人間だ。だから、店で出すものが中途半端だと、自分自身納得がいかないから、「今日は店閉めちゃおうかな」っていう気分になる。

でも、こんな職人気質《かたぎ》をみんながみんな、追い求める必要はない。仮に職人型でスタートしたとしても、難しかったら方向転換すればいい。お客さんだって、味は二の次、早い、安い、量がある、というので満足する人だっているんだし、実際そういうニーズはたくさんあるんだから、ファストフード感覚でショーバイ転換をはかるのもいい。

どういうわけか料理の話になってしまったけど、要はこれまでやってきた仕事の延長線上で、別のやり方を考えるというのが、リスクが少なく、手っ取り早くて効果的だということだ。

酒屋さんや魚屋さんが、いきなり飲食店を始めるのは大変だ。ましてや商売というものをやったことがないサラリーマンなら、なおさら。しかし、もともと飲食業だったとしたら、ノウハウはあるし、人脈もある。でも、これまでの店は流行《はや》らなかったわけだから、今度は宅配専門にするとか、結婚式専門にするとか、基本の飲食業というものを踏まえながら、これまでと違った可能性を探し出せばいい。

仕事のシステムやネットワークだって、自分で新しく作らずに、人の作ったものに便乗したり、お金を払って利用させてもらうほうが何倍も効率的じゃないのかな。もう時間もそんなにないし、余計なエネルギーを使うのは、なるたけ避けたほうがいい。

引っ越しだって、同じ地域のなかで動くのと、まったく知らない土地に引っ越すのとでは大違いだ。道も知らない、街も知らない、習慣も違う。これが国内なら、テレビだって、まだ日本語だから見てわかるけど、外国、特に英語圏以外の海外なら、どうなってしまうか想像してみて欲しい。慣れるまでに時間がかかるだけじゃなくて、ものすごいストレスだと思うね。何もかもが未知数なんだから。

いい「ありもの利用」、いけない「ありもの利用」

「未知なる分野への挑戦」というのは、広告のコピーとしてはカッコいいけど、引っ越しと同じで、かかる労力は計り知れない。だから、すでに下地としてあるものをベースにして考える、というのが現実的だと思うよ、ホントに。

そう言えば、近ごろの渋谷あたりの女の子なんか、寝る時も顔を洗わないらしい。その理由が「次の日、化粧が楽だから」って言うんだから驚くけど、考え方はこれと同じか。ベースがあるから、あとはチョイチョイと描き足せばいいんだから。

ああ、しかしなぁ。

『バカ殿様』のメイクも、けっこう手間がかかるけど、次の日に同じ収録があったとしても、そのまんまでいるのはどうかなぁ。いくら楽だからって、こんな「ありもの利用」だけは絶対にオレ、イヤだな。

志村は三人いる!?

テレビのなかで人様の目に映る「志村けん」は、実は三人いる。

第一に、一九五〇年二月二十日生まれ、本名・志村康徳。これが素のオレ、本人。つまり「素の志村」。

そして第二に、十七歳の高校卒業直前に、ドリフターズの付き人から出発し、今年で五十二歳、この道三十五年のお笑い芸人、志村けん。余談だけど、芸名の志村けんは父親の名前、志村憲司からいただいた。これは「芸人・志村」。

そして、お笑いの世界で創り出してきたキャラクター、『変なおじさん』『ひとみばあさん』『バカ殿様』などを演じている志村けん。つまり「キャラ・志村」。

合計三種類の自分がいるわけで、多重人格じゃないけれど、何となくそれぞれの役割というか、立場がオレのなかでは出来上がっている。

このジキルとハイドに、プラスワンみたいなところで「志村けんコンツェルン」は成り立っている。ちなみに、オレの実際のマネージメント業務は『イザワオフィス』という会社がやっていて、他に個人事務所として『エス・カンパニー』というのもあるけどね。そういった実務とは別に、一人三役で、それぞれの志村をお互いに監視しているんだけど、最終的にはオレ一人の自己責任ということになる。

夜、酔いに任せて六本木を歩いていて、突然、後ろから黄色い声で「あ、志村だ、写真一緒に撮っていい？」と若い女の子に言われれば、「あ〜、いいよ」と気楽に受けてしまう。そんな時は、六本木という場所がら、ホントの素の志村康徳、百パーセント本人の状態にはなっていない。ま、多少気構えて歩いてはいるかもしれないけど、いきなり「芸人・志村」を要求される。

これが地元、三鷹の商店街で買い物なんかしている時なら、なおさらこっちは無防備の丸腰状態だから、「アイ〜ンやってください」と、いきなりこられると、すぐさまローギアからトップギアにはいけないものだ。へらへらと笑ってごまかすしかない。相手は、「キャラ・志村」を期待しているわけだけど、二日酔いの朝などは絶対に素のオレ、志村康徳以外は無理だ。

とは言うものの、無愛想だと思われるのもイヤだから、つい笑わしてやろうとしている自分に気づいて、思わずニヤけてしまう。日常の私生活ですらこうなのだから、こと仕事となれば、より厳しさが求められ、一人三役の分裂の度合いも激しさを増す。

「芸人・志村」はストレスいっぱい

組織ということで考えるなら、素のオレ、志村康徳は他の二つの「志村けん」(「芸人・志村」と「キャラ・志村」)というブランドを運営管理する統括総責任者ということになる。「芸人・志村」の品質とサイフの管理、そして羽目をはずさないように見張りまでしなければならないし、将来のことも考えなければならない。また、「キャラ・志村」に関しては、求められれば、それを演じなければならないし、「忘れられず、飽きられず」の管理も必要だ。

やがていつか、店じまいをする日が来たとしても、まずキャラクターを演ずる志村けんをたたんで、次にお笑い芸人志村けんをたたむことになるだろう。でも最後の「人間・志村康徳」は死なない限りたためないし、やめられない。だからいちばんしっかりしていなければいけない。

そして、「芸人・志村」は多忙なタレントであるのと同時に、第一線の営業部長でもあり、筆頭稼ぎ頭ということにもなる。新しいお笑いのスタイル作りから、時には番組制作の予算配分（小道具費用、着ぐるみはいくらとか……）までこなし、ＣＭ出演やバラエティのゲスト出演もこなす。

ま、そんなだから、この男はストレスもすごい。西岡恭蔵の歌じゃないけれど「いつもプカプカ、プカ」という具合に、タバコはチェーン・スモーキングで、なごみの酒は毎晩やめられない。

こんな不摂生な生活をしているのに、人一倍健康モノは大好きで、体にいい食べ物や健康食品の類には目がない。昼時には、ココアを欠かさず飲んでいる。だから、「芸人・志村」は、五十歳を超えても断然元気。たまに週刊誌あたりで、女性スキャンダルとして取り上げられるのはこの人で、康徳さんのほうはかなり慎重で小心者。だから、ホントはムチャをやらない。

『バカ殿様』『変なおじさん』『ひとみばあさん』らのキャラクターは、志村を超えた、それぞれがれっきとしたブランドだ。ひとつひとつのキャラクターがしっかり根づいた感がある。カツラをつけてメイクして、衣裳《いしょう》を変えれば、タレント志村けんは、もうその役になり切って、キャラクターそのものなんだ。

だから、「キャラ・志村」に変身した時に一層、素のオレでは恥ずかしいことだって、大胆にこなしてしまう。二〇〇一年の春、ダイエーの本拠地・福岡ドームで、始球式を『バカ殿様』のスタイルでやったけど、あれが衣裳なしの志村けんだったら、きっとあがって、あさっての方向に大暴投してしまったに違いない。

この三つの役回りというか、存在を一人でこなしているわけだけど、どこかの部分に、何かひとつでも問題があったとしたら、すべて連帯責任になってしまう。一般的には会社と個人は別物だけど、オレの場合、会社＝本人のようなものだから、余計始末が悪い。だから、より厳しい自己管理というものが問われる。

「素の志村」は、おもしろくない

だれでも最低二つの側面があるはずだ。職場の顔と家の顔。それ以外にもサークルやその他の活動など。サイドビジネスをやっていれば、そこでの顔もある。二つ以上の顔を持ち、それが皆お金に直結している場合は、その自己管理は一層厳しいものになる。

オレも生身の人間だから、意志の弱いところだってある。だから調整法として、私生活のなかで、どうでもいいようなことには、あまり執着しないことにしている。いつもピーンと張りつめていたら絶対に長持ちしないから、適当に緩めることが大事。執着しない、こだわらないということは、ハナから欲がないので、ごく自然に出来るワケ。

とは言っても、生活全般（健康、仕事のスケジュール、スキャンダル）を管理しなければならないし、仕事内容の打ち合わせや金銭的契約、著作権契約なども、すべて自分で目を通さなければならない。媒体における露出のことやイメージ戦略も、当然のごとく熟慮しなくてはいけない。でも、一流の人たちはこれを上手にこなしている。逆に言えば、だから一流なのかもしれない。何でもかんでも、事務所に頼りっきりじゃダメなんだよね。

話は戻るけど、素のオレ、志村康徳は、テレビとのイメージにギャップがあり過ぎる、とよく言われる。それほど無口で人見知りする。ムスーッとしていて、機嫌が悪く見えるらしく、誤解されやすい。だから「素のオレは、あまりおもしろくないよ」

って自分から言っているくらい、生のトーク番組なんかはあまり得意じゃない。思いっきり地が出ちゃうんだな。

「素の志村」でいいのか、「芸人・志村」で対応したらいいのか。無口じゃショーバイにならないが、かといって、はしゃぎ過ぎの志村もまずい。どこに線を引くか。テレビを見ている人からすると「おんなじじゃねーか」って言われそうだけど、正直言って、オレ自身も時々、そのあたりの境界線がわからなくなる時がある。

素の志村康徳は、商店街をブラ〜っと歩く、どこにでもいそうなオジサンだ。料理が好きで、地元の商店街にはよく一人で買い物に行く。そのためか旬の野菜や魚の値段は、普通のお父さんたちより詳しい。巷《ちまた》の流行は、いまどうなのか観察するようにもしている。

そんなフツーの感覚が自分では好きだ。エラソーにしたり、逆にエラソーに見られるのだけは避けたいね。実際、偉くはないんだし。

で、志村康徳としての自分は、「芸人・志村」を客観的に把握しているつもりだ。また把握してなければいけない。一般視聴者の目線で見て、どんなふうに映っているか。そのイメージはどうかって。

ただし、本当の素の志村康徳を、ブラウン管を通して視聴者の人たちが目にすることはないと思うな。もしそう感じたとしても、しょせんそれは限りなく素に近づいた「芸人・志村」なんだよね。真の芸人はプライベートな裏の顔を見せちゃいけないものだと思っているし、そこのところを見せてまで営業するのは、オレの本意じゃない。

『バカ殿様』がのりうつる！

一方、「芸人・志村」として考えることは、山ほどある。

第一に、お笑い芸人として、常に質の高い笑いを提供出来るだけのネタ作り。

第二に、お笑いの世界で、自分だけの確固たる笑いの世界を、いつもキープ出来るような個性作り。

第三に、芸能界全体での「芸人・志村」のポジショニング。ここが非常に微妙で、いちばん難しい。

志村康徳のオレは地のまんまでいいんだけど、「芸人・志村」はそうはいかない。しかも、笑いのプロとして、お茶の間のタレントとして、芸能界で勝負しなければいけない。『バカ殿様』や『変なおじさん』みたいに、自分を隠して役になりきれる時はまだいいけど、志村けんとしての売りを要求されている時は、その打ち出し方にとても気を使う。

それに対して、ブランドとして長年愛されている『変なおじさん』や『バカ殿様』などを演じる志村けん。オレの場合、これがいちばん気楽だけど、最も頭をひねるところでもある。

たとえば、『バカ殿様』の役柄、構成を作るときは、百パーセント『バカ殿様』になり切って感情表現を研究する。視聴者の年齢やターゲットに迎合することなく、オレ自身が納得するお笑いの基準に達したコント、いかにその水準に仕上げられるかに最も気を使う。だから、スタッフが「こんな感じのフリ、どうですかね」と聞けば、『バカ殿様』がのりうつったオレが答えるわけだ。「そんなことしないよ」とか「そんなこと言わないよ」って。

いろんな顔を持とう!

自分の例を引き合いに出して、人間はいくつもの顔を持っていて、それぞれの顔をうまく管理することが生きるということなんだ、と説明したつもりだ。もし、あなたがサラリーマンだったら、会社での顔以外に、あなた自身の顔というのを作ってみたらどうだろう。「不屈の営業マン」というオリジナリティのある個性と、一方で地域ボランティアに参加するいいお父さん、というように。この二つの顔をうまく管理出来れば、きっと仕事も私生活もうまくいくって。いくつかの顔を持つと、人間に深みが出て、オンナにももてるかな?

さて、オレはかなり自己管理には気をつけているつもりだけど、なぜかよく週刊誌に撮られてしまう。「志村けんの新しい恋人を発見!」なんて具合に。根が好き者だからしょうがないんだけど、業界関係者から見たら、まったく無防備らしい。

オレは電車に乗らないからわからないけど、知り合いから「志村さん、電車の中吊《なかづ》りに出てましたけど、本当なんですか」って聞かれたりする。「ホントだよ」とも言えないから放っておくと、次から次へと、そんな記事ばっかり出てしまう。

でも、それがマンネリになって「またかー」と思われれば、だれも気にしなくなったりしてね。一カ所だけ日焼けがあったら目立つけど、全身くまなく日焼けしていたなら目立たない。それと同じことなんだ。

ま、これも手かな、自己管理の一環かなと、最近、意図的にやっている。

自分のことを他人はどう見てる？

他人から自分はどう見られているのか、なんてことはわかるわけがない。それはオレだって同じ。志村けんのことを知る関係者は、仕事関係でもプライベートでもたくさんいるけど、公私にわたって、けっこう深いところまで熟知している人間は、そんなに多くはない。

「オレってどんなヤツ？」「業界のなかでは、どんな存在なの？」「ダメなところは？」「女については？」なんてこと、これまで一度たりとも、他人に真顔で聞いたことはない。外側から見た自分を知るということが、仕事の面でも大切なことだとはわかってはいたけれど、自分を鏡に映してみるような、そんなこと、実際にしたことなかったものなぁ。

というわけで、この本を書くにあたって、十数年来、公私ともどもつき合いの深い、放送作家の朝長《ともなが》浩之に「オレって他人から見てどう？」とマジな質問をしてみることにした。朝長もさすがに、本人のオレを目の前にしては、言いにくいこともあるだろうから、この本の担当編集者から直接、朝長本人に聞いてもらうことにした。

——志村さんとのつき合いは、どのくらいになりますか？

朝長　かれこれ十五、六年になりますか。もともとはドリフターズの全員集合のときで、僕は『スタッフ東京』という放送作家の事務所に所属していて、当時の大御所、塚田茂さんの門下生でした。その事務所に志村さん担当の先輩作家がいて、僕はその人の下についていたんです。そのころの僕のことは、志村さんはおぼえていないと思いますけど、それが最初の出会いです。

——朝長さんご自身も、何となくおもしろそうな方ですね。（笑）

朝長　二十五、六年前ですか、当時漫才ブームの真っ只中でして、高田文夫さんがツービートと春やすこ・けいこの本を書いていました。で、「おまえ、ツービートのコント書いてみろ」って言われて、書いたらなぜか採用されてしまって、それから毎週書くようになりました。

その後、漫才ブームの波に乗っちゃって、本来はドラマとか書きたかったんですが、いつの間にかお笑い作家っていうレッテルを貼《は》られていました。当時、テレビはお笑い番組と情報番組が主流で、情報番組はいろんなことを知る必要があって、取材なんかもちゃんとしなきゃいけないんですが、僕はもともと無精者でしたから、取材しなくていいお笑いのほうに染まっていってしまったんです。

――当時の作家のギャラって、いくらぐらいだったんですか？

朝長　安いですよ。『スタッフ東京』では、最初五万円から始まって、その後、やっと八万円か十万円になりましたかね。実は、情報番組じゃなくお笑いのほうに足を突っ込んだのは、経済効率がいいっていうのも理由のひとつだったんです。

お笑いのほうをやっていると、タレントさんとも親しくなれるし、漫才の方々のネタ助けをすれば、だいたい一回で二、三万円の小遣いをもらえましたから。生活難の時代で、そのアルバイトはすごく助かりました。

――そのあたりの、スタート時にお金に苦労されたという点では、志村さんと共通し

ていますよね。

朝長　そうですね。

——志村さんと本格的な深い仕事関係になったのは、いつごろからですか？

朝長　あるとき、志村さん担当のスタッフが『バカ殿様』の三本目で突如失踪《しっそう》してしまったんです。それでフジテレビのディレクターの森さんと志村さんから「ネタは出来てるんだけど、とにかく本にしなきゃ始まらないから」と言われて、当時フジテレビがあった河田町のビルの地下会議室に呼ばれました。そうしたら「明日までに書いておけ」と突如業務命令が下りまして、我を忘れて必死に徹夜で書きました。

当時二十九歳だったと思います。それから、いまのような志村さんとの正式なつき合いが始まったんです。その後、フジテレビの『志村けんのだいじょうぶだぁ』から、チーフ作家になったんですけどね。

——志村さんは、仕事に関して、いろいろとうるさく注文をつけますか？

朝長　志村さんの場合、最初に注文はありません。だいたい毎週水曜日の午後三時から十時ごろまで企画会議があるんですが、昔から「おもしろいコントたくさん考えてこいよ」。これだけです、いまだに。昔からそうでしたが、若手作家のものはほとんどがボツです。一発でOKなんてあり得ません。さすがにいまの僕のはボツにはされませんけどね。

——なぜですか？

朝長　お笑いのコント作家は、タレントの雑記係だ、と僕は思っています。ですから昨日、今日のつき合いだと「ここでは、こんな感じでは言わないよ」とか「ここで、ひと言欲しいなぁ」っていう、空気感みたいなものを共通認識で持てないんですよ。お互いにいい意味で慣れが必要なんです。大事ですね。間《ま》、これしかないんです。これに尽きます。

——なるほど、その間《ま》が命ってことは、志村さんも言っていました。だから、阿吽《あうん》の呼吸で一緒に仕事が出来るパートナーというのは非常に大切で、簡単には見つからないものなんだと……。

朝長　そうなんです。そのタレントのキャラクターと、間《ま》を考えることが肝心なんです。今日、お互いを理解し合って、おもしろいことを書ける人はたくさんいると思うんですけど、ここ一番という時に、自分にとって頼りになる人を見つけるのは難しいんですよ。いかに、いつも同じ空気を吸ってるかっていうことですから。

――志村さんも、他の作家の方々と一緒に仕事をなさったことはあると思いますが、なぜ朝長さんを選んだと思いますか？

朝長　うーん、はっきり言って、いまだにわかりません。（苦笑）

――こういう一人のタレント専属の作家さんというのは、他にもいるんですか？

朝長　テレビ番組の最後のテロップを見てもらうとわかると思いますが、ダウンタウンやナインティナインなども、だいたい同じ人がやっています。でも、志村さんと僕みたいな関係は、他にはないいんじゃないですか。最近では、よいか悪いかは別として、タレントが構成という分野に入ってくることが多くなりましたが、志村さんの場合はいい意味で、その先駆けですね。

――仕事においての志村さんのすごいところ、そして芸人として成功した理由は、どこにあると思いますか？

朝長　核心を突いた質問ですね。ん〜、はっきり言いましょう。コントという仕事における傲慢《ごうまん》なまでの我がままさ、これに尽きると思います。そこがすごい。この我がままさは、だれにもマネ出来ません。

――具体的に言うと、どんなことでしょう？

朝長　放送作家がおもしろいと思って書いたものに、志村さんは自分の感覚で「こうしたいからダメなんだ」「だからイヤなんだ」ということをはっきり言う。当然、書き手のほうは不満な顔をします。

ディレクターが「けっこうおもしろいじゃない」と言っても、志村さんはそのアイデアを切る。自分がおもしろくないと思ったものは非情なまでに切り捨てる。そりゃ、志村さんが「これがおもしろい」と言ったのだって、こっちサイドは「そうかなぁ」と思うものもあります。

でも、それを決めるのは、あくまでも志村さんなんです。そこのところの基準を志村さんは絶対に曲げない。これがエライと思う。あの人はカリスマだから、僕らに対して「こうしたほうがいい」という意見はないんですよ。

——業界の視点から見た志村さんの存在って、どうなんですか？

朝長　バラエティ系のタレントのなかでは尊敬されています。やはり一本筋の通った職人と見られているからですかね。

——他のタレントと比べてみて、どうですか？

朝長　僕の主観的な意見ですが、いまテレビのバラエティ番組で一流と言われている人は、志村さんの他に、タモリさん、たけしさん、さんまさん、ナインティナイン、ダウンタウン、ウッチャンナンチャンあたりじゃないかと思います。

そのなかで、さんまさんは、どんな対応でも出来る人。首相から子供まで臨機応変に相手に合わせることが出来ます。たけしさんは、ある種の天才で、自分の思いついた分野を制覇していくというか、いろんな方向に進んでいけます。

で、志村さんはというと、本当の職人。お笑い、特にコントという部分において鍛錬に鍛錬を重ねてきた人だと思うんです。そういう意味では、業界のなかでは異質だと見られている。ある意味、志村さんて不器用なんですよ。でも、その不器用さが職人気質《かたぎ》に通じていると思います。

——芸人としての価値という点では、どうですか?

朝長　家造りを例にとると、僕は設計図を引く人なんです。その他に左官屋さんやガラス屋さんなど、たくさんの人が仕事に携わってきますよね。たぶん志村さんは、昔ながらの日本家屋を造らせたら、天才的な大工さんなんではないでしょうか。ずーっと伝統的な藁葺《わらぶ》き屋根の家造り一本でいっているところに、志村さんの価値があると思います。裏を返せば、造ったものは国宝級といったところでしょうか。

——性格的な部分で、志村さんが成功した要因ってあると思いますか?

朝長　志村さんて、性格的に暗いって思われがちですが、本来暗い人間は、あんなこと出来ないですよ。基本的にハシャぐ人ではないんですが、これ、言っていいのかどうかわかりませんが、ちょっと気が小さいところがあるんです。怖がりなんですね、僕が思うには。怖がりだから、あまり目立つスタンドプレイは避けるし、一番になるよりも二番、三番で出過ぎずに、忘れられずに、というところがあると思うんです。

だから、人づき合いでも、出来る限り、わかっている人と長くつき合いたいというところがあります。ま、言ってみれば、そこが成功の秘訣《ひけつ》だと思います。本音を言えば、業界でも、あんな常識人で、まっとーな人はいません。だから生き方もストイックなんですけれどね。

――志村さんの金銭感覚って、朝長さんから見て、どうですか？

朝長　そうですねー、人間だれしも今日この酒飲んだから、明日はもっといいの飲みたいっていう、そういう本能みたいなものがあるでしょう。その部分では志村さんとて例外ではありません、金を稼ぎたいという部分に関しては。

ま、金に関しては意外と繊細、というかシビアだと思います。ケチというのではありません。サラリーマンが「二十五万円の給料が二十二万円になったけど、その三万円、さてどうして切りつめようか」っていうシビアさです。額が大きくなるより、小さくなるほうが敏感になるというか。そのあたりの感覚は、志村さんの域までいったことがないので、よくわかりませんが……。

——最後に、プライベートについては、どうですか？

朝長　この場合のプライベートというのは、女性関係ですかぁ？　志村さんの場合、それ以外は仕事も何もかもが一緒、趣味＝仕事、仕事＝趣味ですからね。仕事の合間に、女性と会うってことはないですね。仕事しながら酒飲むってことがないのと同じで。キッチリ終わってから、遊びに行くというタイプです。

でも、なぜかすぐ同棲《どうせい》してしまうし、会わなきゃいいのに相手の親とかにすぐ会っちゃうし、その点では懲《こ》りないというか、学習してないというか……。そこの出費もかなりの額だと思いますが、そっちのほうの金銭感覚は僕にはわかりません。

——長々とありがとうございました。

いやー、驚いたな。あいつがオレのこと、こんなふうに思っていたなんて。「ホントは内心、オレのこと、ボロくそに思っているんじゃないのかなぁ」なんて疑う気持ちもあるけど、こうやって率直に言われてみると、なるほどねぇーと素直に納得したりして。

人を介して、自分と正面から向き合ってみることで、意外な新発見が出来るかもしれない。自分がいま、どの位置（価値として）にいるのかを正確に知るには、まず東西南北の位置を確定する必要がある。コンパス代わりになるものが、こうした他人の客観的な情報や意見だから、まわりの同僚に聞いてみたって損はない。ただし、自分で聞いても、本当のことを言ってくれるかどうかが問題だけどね。

キャラクター『バカ殿様』の評判

前のところで、志村けん「本人」の仕事関係筋での評判は、だいたいわかった。じゃあ、オレの作ったキャラクター、たとえば『バカ殿様』あたりの評判、しかも芸能関係以外の業界での評判というのは、いったいどうなんだろうか。

それを知るには、実際に『バカ殿様』のキャラクターを使って商売している関係先に聞いてみるのが、いちばん手っ取り早くて確かだ。そこで、土産物のお菓子「バカ殿様人形焼」を作っているダイヤコーポレーションの担当者、阿部さんに聞いてみることにした。

『バカ殿様』は、幅広い年齢層に人気

オレがいちばん知りたかったのは、数あるキャラクターのなかから、どうして『バ

カ殿様』を選んだのかということ。

阿部さん曰《いわ》く「まず人形のカタチがキチンと出ること、そしてわかりやすいキャラクターであることが第一条件なんです。ウチは東京土産ということでずっとやってきていまして、これまでお土産用のキャラクターと言えば『ポケモン』『ミッキーマウス』『キティちゃん』など、子供向けのものがほとんどでした。それで、大人から子供まで、だれにでも知られているものをぜひ出したいと、ずっと探していたんです」。

なぜかといえば、「お土産というものは、買うのは大人で、もらうのは子供からお年寄りまで。買うほうともらうほうの両方に知られていて、人気がなければ喜ばれないんですよ」。

そう聞いたときは、目から鱗《うろこ》が落ちた気分だった。お土産には、あげるほうの喜びと、もらうほうの喜び、双方の喜びがなければ、商品価値が生まれて来ないということだ。

「それで、私どもは、かなり綿密にリサーチいたしました。その結果、『アイ～ン』は小学生以下の場合、ほとんどの子供が知っておりました。ところが『バカ殿様』のほうは、小学生はもちろんのこと五十歳以上の方々も、皆さんご存じだったんです」。

なるほど、『バカ殿様』の認知度のほうが圧倒的に年齢層が広かったわけだ。だてに十五年も続いているわけじゃないんだよ、と本人が感心してどうする。

でも、一般的にタレントのキャラクターものは、あまり食品モノには使われないんだとか。万が一タレントにスキャンダルやトラブルが起こったら、商品の売れ行きはガタ落ちになるし、場合によっては回収ものだからだ。

『バカ殿様』は『サザエさん』につぎ、第二位

そして、この後の阿部さんの言葉は、ホントうれしかったね。

「志村さんの『バカ殿様』の商品は、もらって笑えるものだからいいんです。贈るほうも、もらうほうも、皆さんが笑える商品だと大変評判がいいんです。お土産品のキャラの絶対条件は、国民みんなから愛されているもの。これなんです」

この「バカ殿様人形焼」は、二〇〇一年八月の時点で四万五千個を販売し、キャラクター部門で見事第二位に輝いたらしい。ホントうれしいもんだ。ちなみに第一位は『サザエさん』だそうだ。

いままで知らなかったけど、東京土産って、「草加せんべい」「雷おこし」「人形焼」あたりが定番らしい。意外とインパクトのあるものがないな、東京って。土産物においても、オレが東京を代表するキャラの一人らしいけれど、じゃあ大阪だったらだれになるんだろう。ま、吉本興業のだれかだろうな。

一度、「地方の名物キャラお土産祭」みたいな企画で、デパートの地下街あたりでやってみるというのはどうだろう。けっこう当たったりしてね。

自分の値段を知る

会社のなかで、オレって頼りにされているんだろうか。本当は頼りにされていないんじゃないか……。そんな疑問を持ったことって、ある？　フッー、あるよね。

さて、実際、頼りにされていると思われていても、具体的にどのくらい頼りにされているかなんて、わからないもんだ。営業の人間だと、売上で会社にどのくらい貢献しているか、具体的な数値までわかるかもしれない。でも、たいていの人は、自分の価値を計ることなんて、まず出来ない。

実際のところ、ヘッドハンティングが来て、「A社が年収〇〇〇で、あなたのことを役員待遇で迎えたいと言っていますが、いかがでしょうか？」とでも言われない限りは、自分の値段なんて測定不能だ。

それに、会社から見た価値と家族や友人から見た価値というのは、たぶん違うよね。どちらがシビアかは、その人の生き方しだいだろうけど。

これから先のことを考えて、このまま同じ会社でいくか、違う会社でやってみようか、それとも独立しようか、と迷っているとすれば、自分の価値をどう判断するか、どう評価されているかで、結論は違ってくる。真剣に独立を考えているなら、なおさらシビアにならざるを得ないはず。

そこで、オレが立てた質問は三つ。

一、独立するなら何をしたいか、すぐ答えられるか。
二、これだけは自信がある、という特技はあるか。
三、他人から「ちょっと変わってるね」と、よく言われるか。

この三つのなかで、ひとつでも「ノー」があれば、独立するのはやめたほうがいいんじゃない？

三つとも「ノー」の人っていうのは、こんなご時世、独立はしないまでも、会社での立場を強くするのも、ちょいと難しいかもと思う。

でも、これからの日本経済、想像も出来ないようなことが、ますます起こるのは確実だよね。そんな経済情勢のなかで、独立するにしても、会社で働くにしても、個人の才能が最も重要になることは間違いない。これは肝《きも》に銘じておくべきだ。

才能は金と同じ

個人の才能というのは、有事の際の「金」（カネ、じゃなくゴールド）と同じだと考えればいい。世界中どこへ行っても換金出来るのが金。この金を高く売るには、交換率がいいところで換金すればいいわけだ。

それは、自分の価値を高く評価してくれる会社や部署があるかどうか。自分を受け入れてくれる社会があるかどうか、ということだと思うよ。

十年くらい前までは、会社も社会も人に優しかった。でも、「貧すれば鈍する」という言葉どおり、いまはホント厳しい。鵜《う》の目鷹《たか》の目で、自分だけがはい上がろうとして、いや生き残ろうとして、結果として、ぼやっとしていたら転落してしまうようなサバイバル戦争だ。

さっきの三つの質問でいうと、独立して生計を立てている芸能人でも、実はこの三つがぜんぶ揃った人なんて少ないと思う。正直言うと、オレも二つは「ノー」かもしれない。

でも、だからといって、自分に見切りをつけるのもよくないな。

いまの会社より換金率が悪くなっても、それでもいいと割り切れるなら、好きな道なり、他の会社なりに進めばいい。そうじゃなくて、いまの会社にいるしかないと感じたら、いればいいだけなんだよね。

それだって、決してカッコ悪い生き方じゃない。オレもそうだけど、ずっとカッコ悪い生き方していて、それが二十年続いたら、むしろそれは十分カッコイイことで、評価すべきなんだと思うよ。

第2章

肝には金を使え

お金

種銭《たねせん》を作って、お金を増やす

人生、お金じゃないんだよね。とは言っても、やっぱり先立つものは必要だ。生活するのはもちろんのこと、限りある人生をエンジョイするためにも、なくてはならないものがお金だ。

正直な話、だれだって六十歳を過ぎてまで、生活のためにあくせく働きたくない。そう考えるのは自然なことで、アメリカのウォール街やシリコン・ヴァレーでひと儲《もう》けした三十歳代の連中なんか、「アーリー・リタイアメント」といって四十歳でリタイアして、その後は趣味に生きることを、ひとつの理想にしているらしい。うらやましいね、ほんと。

しかし、ないんだよね、お金。手元に残らないもの。一般的には、生活費は言うに及ばず、子供の学費やその他もろもろの雑費で消えてしまい、なぜか残ってくれない。そして一生懸命働いたその結果が、ローン返済がまだタンマリ残っているマンションだったり、一戸建ての小さな家だったりする。いや、不動産を買える人たちはまだいいほうで、形のあるものとして何も残っていない人のほうが圧倒的に多いのが現実じゃないの。まとまった金を貯《た》める、というのは至難の業《わざ》ということなんだろうね。

だから最近は、財テクや蓄財のノウハウ本が、サラリーマンを中心に、家庭の主婦層にまで大人気で、けっこう売れているんだろう。

オレも、たまに買って読んでみるけど、勉強になるだけでなく、身につまされることや反省させられることしきり。対岸の火事ではかたづけられない。人間、いつ病気になるかわからないし、もしものことを考えれば、まとまった現金がなければホント不安だよな。オレの場合、志村けん＝一馬力だし、タレントなんて商売は事故や病気で長期療養ということにでもなって、世の中から忘れられてしまったら、もうお手上げだ。

仮に忘れられなくても、ブラウン管にちょっと姿を見せないだけでも「もう終わったね」とか「旬じゃないね」と、テレビ局の人間や視聴者から烙印《らくいん》を押されてしまうしね。これも怖い。保証なんてないし、ましてや天下りなんて変則ワザだってあるわけない。

ということで、オレ自身も、財テク関係の話題には人並みに関心が高い。

お金は寂しがり屋さん⁉

しかし、不思議なものだ、お金というものは。稼いでも稼いでも、なかなか残らない。それは「ネーチャンに使っているからだろう」と突っ込まれたら、そうなんだけど……。

小学生のころ、同じ金額のお年玉をもらった同級生が、半年経《た》ってもまだそのお金を持っていたり、全額貯金してけっこうな金額にまで増やしていたのには驚いた。オレなんか、ほんの数日でスッカラカンになっていたのに。

もう、いい年になったんだから、稼いだ金をちゃんと貯蓄するようになったかといえば、そんなことはない。相変わらず無駄遣いはするし、「宵越しの金は持たねぇ」的な性格は変わらない。そういうことから言えば、金銭感覚＝性格そのものであり、「三つ子の魂百まで」そのものという気がしてならない。そりゃ少しは学習しているけど、本質は変わっていないということだ。

小学校の同級生の貯金クンなんて、子供時分からあの金銭感覚だから、いまじゃ相当な金持ちになっているだろうと思うけど、根本的なことに気がついた。

それは種銭《たねせん》であるお年玉はもらったお金であって、自分で稼いだわけじゃない。つまり不労所得なのだ。財テクのノウハウ本に書かれているのは、その種銭いわゆる元手＝原資を増やす方法について書かれているものが多いけど、「種銭そのものをどうやって稼ぐのか」について書かれているものはほとんどない。そこに気がついた。

手元にある金を増やすのは、そう簡単なことじゃない。だから財テク本が売れるわけだけど、ないお金を増やすのは、それ以上に難しい。一億円を十億円にするのは十倍だ。でも一万円を一億円にするには一万倍、ましてや十億円にするには十万倍にしなければいけない。気が遠くなってしまう。

あるタクシーの運転手さんがおもしろいことを言っていた。「お金は寂しがり屋さんだから、友達のいるところに行ってしまう」と。運転手さんの理論を借りれば、泡《あぶく》銭《ぜに》や一時金が身につかず、すぐになくなってしまうのは、突然やって来た訪問者が、そこにだれも友達がいないとわかると、寂しくて、すぐにどこかへ立ち去ってしまうのと同じこと。お金はある人のところへ、ますます集まっていくということだ。ホント、そのとおりだよな。

給料の半分を貯金に回してみる

持てる者は強い。しかし、持てない者はどうするか。「真面目《まじめ》に働いて作るんだ」という正論はわかるけど（きっとお年玉をくれた叔父さんも一生懸命働いたに違いない）、現実は真面目に働いて貯《た》まっていないんだからしょうがない。

財テク本を読むと、原資がない場合は「他人から資金を集めて、運用するファンドが考えられる」なんて書いてある。だけど、他人からお金を集めるんだって、本人にそれなりの信用や専門知識がなければ無理というものだ。

やってはいけないことだけど、詐欺師が騙《だま》してお金を集めるんだって、人を説得するそれなりの能力が必要だ。だれだって、説得力や能力のない人間に、お金を預けたり、託したりする気にはなれないのは当然の話。

ということは、どんなことをするんだって、「それなりの何か」が必要だ。そして、現実問題として、種銭がないのなら、元手は自分の身ひとつしかない。会社勤めの人にとっては、給料からの貯金以外に種銭の作り方があるかどうか、知りたいポイントだろうけれど、それをオレがわかっているなら、いまごろは億万長者だろう。

だけど、たとえば、こう考えたらどうだろう。貯めようと思う人は、給料の半分を貯金する。それが出来ないなら、いっそのこと全額を自分の商品価値を高めることに費やして、自分自身の値段をアップさせる。

オレは後のほうだ。自分自身の発想や構成力、演技力が、オレの種銭だからだ。なんだ、これなら「自分を磨け!!」っていう、そこらへんにある自己啓蒙書と変わらないじゃないかよ、と叱《しか》られそうだけど、ちょっと待ってくれ。ここからが大切なんだよ。

次のページから、長年この業界を生き延びてきたオレなりの秘訣《ひけつ》を、初めて皆さんに披露するんだからさ。

肝《きも》には金を使え

プライベートに関して言えば、オレは本当にこだわらない。着る物だって「志村さん、これいいですよ」って言われれば、「ああそう」って素直に聞いてしまうし、移動の時にベンツのワゴンに乗っているけど、車内での仕事の打ち合わせや資料の整理に都合がいいということだけで、本当はどんな車だっていっこうに構わない。

物欲とか、物に対する執着心なんてのもないから、贅沢品《ぜいたくひん》と言われるようなものにお金を注ぎ込むことはほとんどない。

ところが、こと仕事に関するものとなると話は別だ。自分が「これは絶対に必要だ」と思ったものは、いくらお金をかけても惜しくない。だから、ビデオやDVDでも、仕事のネタになるかもしれないと思ったら、どんなに大量でお金がかかっても、すべて買ってしまう。オレ自身が面倒くさがり屋で、レンタルビデオで借りたら返さなくちゃいけないから、ついつい買ってしまうという安易な理由もなくはないけれど……。

『加トちゃんケンちゃんごきげんテレビ』と『志村けんのだいじょうぶだぁ』のゴールデン番組を二本やっていたころは、特に買い込んだ量がすごかった。いいシーンでストップして研究につぐ研究。一晩中どうやってネタにするか、よく考え込んだものだ。そんなだから、ビデオも溜《た》まりに溜まって、いまじゃ三千本近く。収納に困るほどになってしまっている。

普段何気なく聴いている音楽だって、番組を構成するときに、「ここで、あの曲入れてみよう」なんて、仕事で使えることがたくさんある。だから、CDもジャンルや好き嫌いにこだわらず購入し、家でも車のなかでも、時間があれば出来るだけ何でも聴くようにしている。こうなると、もはやプライベートと仕事の区別がつかなくなる。

放送作家を一人囲っています

仕事で「これは絶対に必要だ」というもの、そのなかでも自分にとって最も大切なものだと自覚して、お金を使っていることがある。

それは、お笑いの種の部分で肝《きも》となるネタ作りと構成だ。これを作り出すにあたっては、第一章で出てもらった放送作家の朝長に、オレのポケットマネーを使って個人的に仕事を依頼している。お金を使っていると言ったら、彼に失礼かもしれない。でも、オレは仕事に関して、「お金は得るだけのものではなく、利を得るために使うもの」という気持ちをいつも持っているからだ。

彼と仕事をするようになって十数年経《た》つ。野球で言えばキャッチャー、いわゆる女房役ってところで、かゆいところに手が届く存在だ。気脈が通じるというか、「こうして欲しい、こうやったらどうか」っていうアイデアを先回りして教えてくれる。肌感覚の「流れ」に一緒に乗ってくれる。おそらくオレがこの仕事を辞めるまで、つき合いが続くと思う。

そんな彼が、ある時、車を運転中、急に気持ちが悪くなり、そのまま病院に駆け込んだ。クモ膜下出血ということで、すぐさま入院となったが、不幸中の幸いというか、早めに病院にスベリ込んだのがラッキーだった。

結局、リハビリして復帰するまでに半年ほどかかったが、その時は本当に困った。復帰するまでの間、別の作家が書いてくれていたわけだけど、肝心のところがつかめず、まったく噛《か》み合わない。朝長とは病気になる前から、「金の面倒はすべて見る。

だからオレの仕事だけをやってくれ」とお願いしていたくらい超密接な志村けん御用達的な仕事関係だったから、突然の一時リタイアはかなり仕事に響いたし、事実オレの芸の将来性にも大きな影響を及ぼしかねない状況だった。

放送作家というのは、いろんな局の番組の台本を書いて生活している。もちろん、お金も放送局から支払われる。それがこの業界の常識だ。一人の芸人が一人の作家を独占するなんていう関係は、仕事の面でも金銭的な面でも、業界唯一と言っていいんじゃないか。じゃあ、どうしてそこまでやるかと言えば、オレの場合、より深いコントのアイデアが欲しいからだ。実際、コントのアイデアなんて、富士のわき水みたいに何十年もこんこんとわき出てなんてこない。だから彼の才能を必要としているわけだ。

もし「自分のために、何にお金を使いましたか？」って聞かれたら、言い方は悪いけど「仕事の質を向上させるために、放送作家を一人囲いました」って答えるね。

オレにとってみれば、それくらい意味のある、有意義な金の使い方なんだよ。

無形の部分にこそ、お金を使え！

人間だれしも得意、不得意があるのは当たり前だ。冷静な目で自分を見つめてみて、自分の能力や価値を知ったうえで、足りないところや不得意なところは、他の人に協力してもらうなり、お金を払ってでも補ってプラスにしていくのは、大事なことなんだよ。

オレの場合は、自分の得意分野ではあるけれど、より質の高いレベルの仕事を求めるがゆえに、お金を払って協力してもらっている。それが気心の知れた朝長ということになる。

オレたちの仕事は、モノとして形のあるものじゃない。まあ、ビデオっていう形になって残ることはあるけど、そのなかで展開される一瞬の笑い、それを作るためのアイデアはコンピュータのなかに組み込まれている半導体ぐらい重要なパーツなんだ。だから肝心かなめの部分、そこには金を惜しまない。

お金の使い方は、もちろん人それぞれだ。でも、ここ一番という大切な時、大事なポイントでは、絶対に出し惜しみせずに使うべきなんだよ。

ギャンブルだって、勝負に出て、お金を注ぎ込まない限り勝つことなんて出来ないよね。株だってそうだ。何かに投資することで、初めて利益が生まれるわけだ。

自分がいちばん大事にしていること、それは人間関係だったり、情報だったり、学問だったりするだろう。その自分にとって絶対に必要なんだっていうものに、ためらうことなく大切なお金を使って欲しいんだ。そして、車だのバッグだのといった、いわゆるモノじゃないところにお金を使ったとき、本物の精神的満足感が得られるんじゃないのかな。昔から、粋な人って、そんな無形の部分にたくさんのお金を使った気がするんだよね。

無形なものの代表といえば人間関係。オレも人間関係ま～るくいきたいから、夜の外交にもさんざんお金を注ぎ込んで、それなりに得たものはあったけど、ほとんどオシッコになって流れちゃった気がする。ああ、「粋」への道は、遠く険しいなぁ……。

オレの金銭感覚

ここで、オレ自身のお金にまつわる経験というか、過去を話しておきたい。

昔、そう、小学校から付き人時代まで、いつも貧乏だった。だから当然、お金は欲しかった。でも、中学から高校にかけて、自分の小遣いはバイトで稼いでいたけど、お金そのものに対して強烈な執着心はなかった。

いまでもそうだけど、お金がいっぱい欲しいという欲求は、自分自身のなかからはわいてこない。「金は後からついて来る」という気持ちは子供の時からずっと同じで、やるべき仕事をコツコツ積み重ねてゆくことが、自《おの》ずといい結果（お金）を生むという考え方。

だから自分で言うのもなんだけど、金払いは相当いいほうだと思う。お金で借りを作るのもイヤだし、ましてや面倒くさいもめ事は精神的にイヤだから、「金で解決出来ることならば……」という性格。金について争うなんていうのは、いちばん嫌いだね。

つき合っていた彼女との別れ話の時にも、お金に関してしつこくグズグズ言われたりすると、「あーわかった、わかった」ということになって、ついつい払っちゃう。でも、「おまえって、結局そういう奴だったのか」って、スーッと血が引くように冷静な気分になるから、逆に後を引かない。

子供のころ、オレの住んでいた東村山のまわりはみんな貧乏だった。穴の開いた靴下をはいていたり、ズボンにつぎあてしてたり。オレなんて、オヤジのズボンを切ってはいたりしてた。いまじゃ、つぎあて自体、知らない人が多い。「何、それ」って言われるのがオチだ。

でも、だからって悲壮感漂う感じではなかった。よくあるじゃない、子供時代の食うや食わずの生活がトラウマとなって、お金をけがらわしいものと必要以上にさげすんだり、逆に金の亡者になったりする話。そんな人って不幸だよなぁ。

トラウマっていうほどじゃないけれど、唯一ダメなのがイモとカボチャだ。家のまわりのいろんなところにイモが貯蔵してあって、これでもかって具合に、来る日も来る日も、イモばっかり食わされていた。だから、いまでもこれ系はほとんどダメ。行きつけの店のメニューにポテトサラダがあるけど、「悪いけどマカロニサラダ作ってくれない」って、いつも頼んじゃう。

まあ、そんな具合で、お金に関して特別悪い思い出を引きずっているってことはないんだよね。

いや、待てよ。いま思い出したけど、小学生のころ、母親の貯金箱から、よく金を盗んでいた。当時の貯金箱って、お金の取り出し口がなくて、いっぱいになったら壊してしまうやつがほとんど。陶器で出来た招き猫あたりが一般的だった。

オレの家のは金属製で、貯《た》まったら缶切りかなんかで切って開けるやつ。で、こっそり中身を取り出すときは、お金を入れるところに三角定規の尖った先を差し込む。するど、スーッと出てくるんだよね。二、三十分かけて、やっと取り出せたと思ったら、もう使えない五十銭だったりして、ガックシだったな。

そうそう、月三百円の給食費を半年分使い込んじゃったこともあった。中学に行ってからバレたけど。当時はいまみたいに銀行振り込みじゃなくて、給食費を袋に入れて学校に持って行ってたから、そんなこと出来たんだけどね。

イマドキの子供たちは、そんなことしたくても出来ないだろうから、考えようによっては、そんな貴重な体験、オレの財産だと言えなくもない。少々苦しい解釈だけど……。

彼女から金借りるつらさ

お金関係では、付き人のころがいちばん惨めだった。家にも金の無心はそうそう出来ないから、高校の時からつき合っていた彼女に、何度かお金を借りたことがある。

当時、彼女は某有名デパートの和服売り場に勤めていた。和服売り場の静まりかえった雰囲気のなかで、お金を借りるために呼び出すのはカッコイイものじゃ全然ないんだよね。それに、オレ自身が呆《あき》れるような、ものすごく汚い格好をしていたから、おそらく彼女は相当恥ずかしい思いをしたに違いない。

彼女から借金したのは、たぶん四～五回ぐらいだったと思う。一回に借りた額は千円か二千円。「お願いだから、仕事場に来るのはやめて」と言われ、その時ほど「人から金もらわなきゃモノが食えない」って、本当につらいことだなと思ったことはない。

当然、靴も買えないから、小道具さんからもらったワラジをはいていた。たぶん二、三カ月くらいだったと思うけど。都会でのワラジの耐久期間は二、三日しかない。なんせ地面がコンクリートだから、すぐボロボロになってしまう。イマドキ、ワラジなんて店にも売っていないからぜんぶ特注で、値段は一足三千円ぐらいという話だった。小道具さんから「ワラジ、ワラジってバカにするけど、けっこう高級品だよ、これ」って言われたな。たしかに、三日もったとして一カ月で三万円をはきつぶした計算になるから、かなりの高級な生活をしていたと言えなくもない。

食事に行って、メニューを見ても、金額のゼロが一個多いのは絶対に視野のなかに入れなかった。すーっと飛ばして見る癖が自然についちゃっていたね。

ドリフに入って、最初の給料は五十万円だった。これはうれしかった。けど、家賃やいろんなものに払ったら、ほとんど残らなかった。

レストランで、ようやく値段を気にせずに注文出来るようになったのは三十歳を超えてからだ。何がいちばんうれしかったかというと、鮨《すし》屋や天ぷら屋さんのカウンターに座って頼めるようになったこと。この時の喜びは、いまでも忘れない。

ネタ＝キャッシュ、アイデアが売れる時代

仕事のネタに関しては肝心かなめなところなので、かなり細かいところまでアイデアを考える。

あれは、ドリフターズとは別に、加藤さんと二人でやっていた『加トちゃんケンちゃんごきげんテレビ』の企画打ち合わせで、スタッフ全員で話し合っていたときのこと。オレが「素人の撮ったビデオを募集して、それを紹介しながらコメントするっていうのはどう？」と提案した。すると、「ビデオなんて、まだ持っていないんじゃないの」と全員否定的で、いとも簡単に却下されてしまいそうになった。

たしかに、当時は家庭用ビデオが出始めのころで、普及率もイマイチということもあったし、ましてや素人モノなんてレベルが低いという考えが根底にあった。でも、オレは「絶対に受けるからやろうよ」と言い張って、強引にそのコーナーを作ってしまった。そしたら何と、その「投稿ビデオコーナー」は本当に人気が出てしまって、

『加トケン』の目玉コーナーになってしまった。もちろん番組の評判も上々で、視聴率もアップした。

でも、ことはそれだけにとどまらなかった。その後、そのコーナーのアイデアをＴＢＳがアメリカのテレビ局に売った。しばらくしてアメリカ版の「投稿ビデオコーナー」が出来て、全米でかなりの反響を呼んだらしい。するとこれがまた日本に逆輸入されて、「アメリカ版おもしろビデオ」という形で日本でも放送されるようになった。

しかし、もとはと言えば、すべてオレのアイデアだったわけだ。詳しくは知らないけれど、知的所有権によるアイデア料が、かなりの額、アメリカのテレビ局からＴＢＳの米国支局に支払われているらしい。

まわりから、「あの時、ちゃんと契約のサインを交わしていれば、いまごろ志村さん、働かなくてもよかったのに」なんてよく言われるけど、ネタとして考えたアイデアを個人の知的所有権という形で契約するなんて、十数年前には思いつきもしなかった。知的所有権がちゃんとした財産なんて考え方が広く一般に認知され出したのは、ここ数年のことじゃないのかな。

昔は、アイデアに対してお金を支払うという発想自体が稀《き》薄《はく》だった。すぐお互いにパクッちゃうんだから。でも、テレビ局同士の間ではずいぶん前から、このビジネスを当たり前のようにやっていたようだけどね。それでも番組の細かいアイデアの部分まで、知的所有権として明確に認められるようになったのは、ほんとここ最近のことだ。

この権利もあまり行き過ぎると、ネタだって「この部分はたけしさんので、これはさんまさん、それで最後のところは、Mr.ビーンのローワン・アトキンソンに登録されていますけど、どうします？　使うなら使用料払わないといけませんけど……」なんてことに、この先なりかねない。ちょっと考えてしまう。

人より鼻の差ぐらい先を読む

ビジネスマンだって、会社帰りの飲み屋で、友達に気楽に話したことが、知らないうちに大金に大化けしている可能性だってないわけじゃない。いまじゃインターネットでも、ビジネス・アイデアの売買が行われている。アイデアが売れる時代なんだ。ビジネス特許が取れるような独創的で画期的なアイデアとまではいかなくても、ちょっとした閃《ひらめ》きがお金を生むかもしれない。

企業内起業家とか言って、アイデア発掘に躍起になり出したビジネスマンたちもいるようだ。でも、だからって、あまり難しく考えることないんじゃないの。お金になるアイデアというのは、実はオレの「投稿ビデオコーナー」と同じで、だれもが思いつきそうなことを、人より鼻の差ぐらい先を見越して、現実化すればいいんだ。「鼻の差ぐらい」がポイント。それ以上先でも、それ以下でもダメ。「あいつ、発想はいいんだけどなぁ」って言われている人は案外多いけれど、自分の発想をいかに現実的な方法に落とし込めるかも大切だ。

それに、あの時、ビデオがまだ一般に普及していないとまわりが言ったことに、オレが「たしかに、そうだよなー」って同調していたら実現していなかった。何でもかんでもすぐ否定しないで、まずトライしてみることが、アイデアを実現するためにはやっぱり大事なんだよな。

イマドキのビジネスマンの心がけとして、これからは「思いつき、閃き」といった自分のネタが即キャッシュに結びつく可能性があるってことを忘れないようにしないといけない。

そして、オレのように、「このアイデアは私のものです」と書いてサインしておかなかったばっかりに、くれぐれも後の祭りにならないように。

「本当に残念だったなぁ」とは思うけど、後悔はしてないよ。もしオレがそんな大金もらったとしても、やっぱり幸せじゃないな。オレはカラダ使って、好きなお笑いをコツコツやっているほうがいい。根っからの職人型芸人なんだから……。

これって、やっぱり気休めかなぁ。

キャラが生み出す金脈

茶の間で『バカ殿様』や『変なおじさん』を見ている人たちは、「あんなバカなことして、金もらえるからいいよなぁ」。きっと、そう思っていることだろう。しかし、「あんなバカなこと」が発生源となって、けっこうな金脈を生み出しているのだから、バカには出来ない。

俗にいう派生ビジネスというやつだ。キャラクターを使用する権利を貸して、売り上げの何パーセントかをもらうライセンス・ビジネスだ。『バカ殿様』を筆頭に『変なおじさん』やドリフターズ時代の白鳥の湖の『バレリーナ』が、立派に第二のキャラクター・ビジネスを展開してくれている。

『ドラえもん』や『ちびまる子ちゃん』などの漫画のキャラクターを使ったものは有名だが、お笑いのキャラクターも侮れない金脈になっている。だから、キャラクターを生み出すときには、そこまで考慮して作る必要がある。

実際に、オレのキャラクターを使って、どんなものが作られているか、具体的な商品名を挙げてみよう。

バカ殿様

●ファンキー・スクラッチ
●口笛ぴゅ〜
●マスコット・ストラップ五種
●着信ライトキーホルダー二種
●フラッシュライト・キーホルダー二種
●ソフビ・キーホルダー二種
●抱きつき人形（小）
●抱きつき人形（大）
●抱きつき人形（特大）
●マスコット
●人形すくい
●パイプ
●棒アメ袋
●メタリック風船
●キーホルダー
●アクション・キーホルダー二種
●ライター四種
●ソフビ・バンジーコード・キーホルダー五種
●ソフビ・キーホルダー（リングタイプ）五種
●キャラ鈴キーホルダー
●ブレス

●光る着信ストラップ
●ソフビ・キーホルダー(大)
●ハンマー
●ポップアップ・アンテナ
●マスク
●プラヨーヨー
●座椅子
●マッチライター六種
●大江戸祭り
●Zippoライター四種
●Zippoライター(マーメイド)
●シャープペン二種
●ボールペン二種
●スイング人形
●SHIMUKENライター
●ビーチタオル
●バスタオル
●スポーツタオル
●フェイスタオル
●ハンドタオル
●プチタオル
●リストウォッチ三種
●リバーシブルどてら
●水ヨーヨー
●ムニュムニュ・キーホルダー二種
●プチマスコットホルダー二種
●おしゃべり目覚まし時計
●おしゃべりライター
●アイーンパンチ
●ミニストラップ
●ペアキーホルダー
●スナップマスコット
●プチマスコットホルダー
●コインバンク
●アームマスコット
●エアースティック
●ファスナー・ストラップ二種
●ディスプレイ保護シール
●デジタルリストウォッチ
●ネックピース・ストラップ
●はんてん
●スーパージャンボぬいぐるみ

変なおじさん

●光る着信ストラップ二種

●フラッシュライト・キーホルダー

●着信ライトキーホルダー

●マスコットストラップ五種

●キャラ鈴キーホルダー

●ソフビ・キーホルダー（大）二種

●ソフビ・キーチェーン（ボールチェーン）二種

●ソフビ・バンジーコード・キーホルダー五種

●ソフビ・キーホルダー（リングタイプ）二種

●シャープペン二種

●ライター四種

●ムニュムニュ・キーホルダー二種

●プチマスコットホルダー二種

●ミニストラップ

●ペアキーホルダー

●スナップマスコット

●プチマスコットホルダー

●ネックピース・ストラップ

●アームマスコット

●エアースティック

●ファスナー・ストラップ二種

●ディスプレイ保護シール
●スーパージャンボぬいぐるみ

バレリーナ
●おしゃべり貯金箱
●コインバンク
●プチマスコットホルダー二種
●ソフビ・キーチェーン（大）
●ソフビ・キーチェーン（ボールチェーン）
●ストラップ二種
●ネックピース・ストラップ
●ファスナーストラップ
●ソフビ・キーホルダー
●スイングマスコット
●スナップマスコット
●ミニストラップ
●ペアキーホルダー
●ディスプレイ保護シール

志村けん
●スーパージャンボぬいぐるみ

注）一部、現在では販売されていない商品もあります。

わかっているだけで、ざっとこれくらいある。これらはメーカーもそれぞれ異なる。

これ以外に、オレの知らないものも、かなり出回っているようだ。第一章でも紹介した（P58～）「バカ殿様人形焼」なんてのも、実は今回、自分のキャラクター商品をチェックしてみて、初めて知った。

キチッと管理しないといけないと思うけど、限界あるよなぁ。本人のオレが知らないうちに商品企画がどんどん進められて、ぼうっとしているうちに売られてしまっているんだから……。

とにかく、キャラクターがしっかりしたものなら、立派な商品ブランドとして独り立ちして、こんなふうにビジネスとしてどんどん増殖していくものなんだ。

だから、一般のビジネスでも、会社や商品のブランドやイメージって、絶対におろそかにしてはダメなんだよ。そして、キャラクター・ブランドの商品価値を長く保っていくことが、堅実なビジネスへとさらにつながっていく。

次は、そのあたりの戦略とノウハウについて紹介してみたい。

キャラクター・ブランドの長期維持戦略

テレビ番組『志村けんのバカ殿様』は十五年間続いている。放送回数は計二十五回になる。十五年間に二十五回ということは年平均約一・七回。つまり、一年のうちで二回見られるか、見られないかだ。

『バカ殿様』を始めたころは、そう長くは続かないだろうと思っていた。けれど、予想をはるかに上回る長寿番組になってしまった。それには、それなりの理由がある。

すなわち、「見たいけど、たまにしかやっていない」という、放送回数を腹六分目ぐらいの満腹感（空腹感？）に抑えてきたこと。それがロングセラーになった要因だ。

人間、「もうちょっと食べたいなぁ」「見てみたいなぁ」という欲求を少し残しておくと、繰り返し同じ欲求がわき上がってくるものだ。

『笑っていいとも』みたいに毎日同じ時間に放送されているものは、ある意味クセになってやめられない。それに対して『バカ殿様』は、まったくその対極にあると言っていい。ちょっとしか食べられなかったあの味、忘れられないから、ついついまた買ってしまうみたいな……。昔、田舎にやって来たサーカスみたいに、年に一回来てくれるかどうかだと、恋い焦がれる気持ちがずっと強くなる。

「飽きられず、忘れられず」、これがキャラクター・ブランドを長期にわたって維持していくための戦略。これによって、オレも『バカ殿様』のキャラクター・ブランドで十数年食べてこられたわけだ。

自分ブランドを上手にコントロールしよう

この考え方って、ビジネスにも通じるところがある。企業ブランドあるいは商品ブランドだって、イメージを確立させたら、それを何でもかんでも露出すればいいっていうものじゃない。押すときには押してしっかりアピールしたら、引くときは引いてユーザーや消費者から飽きられないようにする。会社のブランド力や商品力を落とさずに長期間維持させるための戦略として、十分に活用出来るはずだ。

社内での、自分のブランドだってそうだよね。何でもかんでもしゃしゃり出て行けばいいっていうものじゃない。あるときは静観してみる。そのメリハリが大事。さらに、それを自分で意識してコントロール出来るようになることが大切だ。

思い起こせば、つぶやきシローだって絶好調の時があった。でも、長くは続かなかったよな。テレビって、売れている時は優しいけど、視聴者から飽きられたと判断したら冷たいもんなんだよ。オレは、そこんとこ、よーく身に染みてわかっているから、『バカ殿様』をはじめとするキャラクター・ブランドを慎重過ぎるくらい露出管理を徹底している。

同様に、タレント志村けんのほうも、的を絞って露出するように心がけている。本当は、お笑い一本でいきたいところだけど、こんなご時世だから、あまり我がままも言っていられない。だから、バラエティものやトーク番組にも出るけど、志村けんのイメージを損なわず、自分の味を出せるような番組を選ぶように心がけている。

世間では、本人の志村けんよりも、志村けんの作ったキャラクターのほうが、どうもインパクトが強いらしい。キャラクターの持つ明快なイメージが、いい意味でマンネリ化し、スタンダードとして定着したんだろうな。ありがたいことだよね。

でも、芸人として、新しいものに挑戦したいという欲求があるから、キャラクターのイメージで固定されてしまうのも困りもの。そういった矛盾した葛藤《かっとう》が常にある。ジェームズ・ボンドのはまり役から抜け出せなかったショーン・コネリーやフーテンの寅《とら》さん役の渥美清さんみたいになってしまったら、どうしようってね。

でも、これって贅沢《ぜいたく》な悩みなんだろうな、きっと。

キャッシュレスは嫌いだ

気がつけば、いつのころからだろうか、カード社会になってしまった。飲食の支払いは、いまも現金で払う人が多いけれど、海外のホテルの予約などはカードなしではほとんど出来なくなってしまった。

さらには、デビットカードなる銀行口座直結のカードまで出来てしまい、世はまさにキャッシュレス時代と言っていい。銀行振り込みも携帯電話やパソコンから出来るし、買い物だってしかりだ。

いまから三十年ぐらい前からだろうか、給料の銀行振り込みが始まったのは。いまでは、どこの企業でも当たり前になって、世の中、それがフツーになってしまったけれど、それまでは現金で給料を受け取っていた。以前は、それが当たり前でフツーだった。

給料日には、一人ひとり名前を呼ばれて、給料袋を手渡しでもらう。実際、お金の入っている給料袋の感触はいいものだ。「あ〜、今月も大変だったなぁ」という働くことのつらさと、お金が入ってきたといううれしさを、しみじみと感じたものだった。そして、やはりお決まりのコースで、もらったその晩はパーっと飲みに出かけて行った。

いまでも、テレビや舞台、音楽業界など、芸能界には「取っ払い」という、出演したその日に、出演料のギャラをもらうやり方がある。これはぜひ残してもらいたい慣習だと思う。何がよいかというと、とにかくやる気になる。

事務所から「ハイ、これ。あなたの今日の分ね」と言われ、数字が並んでいる明細を見せられ「で、これがギャラ」とカードの電子マネーを渡されたら、たいがいの芸人は「何、これ」という気分になるに違いない。

さらに、これが銀行振り込みで、なおかつ電子マネーなら、やってられない気分だろう。当然お金を手にしたときのズッシリ感なんてないし、何よりも働いた実感がまるでわいて来ない。

芸人というのは、瞬間、瞬間を生きている人が多いから、その場その場での決済が身についている。キャッシュレスでも「はい、そうですか」と素直に喜べるのは、パソコン世代の若手連中ぐらいのものだろう。これじゃ労働対価としてのお金の重みなんてまったくない。実際に受け渡しするときの現実感、ひいては現金の感触そのものに、オレはお金の存在感を見いだすことが出来るんだけどね。

それに昔は、粋なお金の使い方、なんていう表現があったことからわかるように、お金に「粋」という表情があったし、文化があった。電子マネーの世の中じゃ、それも遠い昔の話になってしまうんだろうなぁ。

現金に勝るものなし

一円玉と一万円札。二つを手にしたときの感触の違いで、子供でもお金の価値の違いを自然とおぼえるわけだけど、それが電子マネーなんかになってしまったら、一円も一万円も単なる数字でしかないから、お金の価値や大切さがわからなくなってしまうんじゃないかな。ホント味気ないよなぁ。

芸人の芸だって、お客さんが喜んでくれれば、「こりゃ最高、笑ったね」とか言って、万札のご祝儀やチップを直接手渡してくれることがある。それが、カードの電子マネーを取り出して、「おれのここから、あいつのカードに、ご祝儀一万円移しといて」なんてセリフは、シャレにも何にもならないんじゃないの。場所が舞台なら、なおさら直接のやり取りにこそ価値があるし、その時のお金＝その場の気持ち、そのものなんだから。

何たってオレは現金主義だね。月賦みたいな分割支払いは性に合わないし、飲み食いのツケ払いというのも好きじゃない。馴染《なじ》みの店だけは、領収書が貯《た》まってしまうのが面倒くさいから請求書にしてもらうけど、それ以外は、その場できちんと支払いを済ませてしまわないと気持ちが悪いタチなんだ。

もらっちゃうと、すぐ使ってしまうクセは抜けないし、まわりの人間にも、ついついおごってしまうから、翌日いくら使ったのか、おぼえていないことも多い。

出来れば「志村さん、今回のギャラ、これだけ入りました」って具合に、事務所が現金を一度見せてくれれば、もっとやる気が出るのになぁ。でも、やっぱり面倒くさいか。

人生最大の買い物

心のなかに、大きい家が欲しいという願望がずーっとあった。大きな家で、大きな犬と暮らす。アメリカ映画のようなスタイルが、小さいころからのオレの夢だった。生まれた場所が東村山だったせいだろうか、緑と畑に囲まれ、目の前に庭があることが、家を買うときの絶対条件だったし、麻布十番のマンション暮らしが長かったせいもあって、そのことだけは絶対に譲れなかった。

人に頼んで物件をいろいろと探してもらっていたけど、なかなか思いどおりにはいかなかった。当時は、土地の値段もいまよりかなり高かったから、土地を小さく分割し、買いやすい価格帯にして販売してるところが多かった。イメージとしては七十坪ほどの広さが、オレの夢を現実化出来るサイズだと考えていたけれど、その大きさとなると、なかなか見つからなかった。あったとしても三十坪と四十坪という具合に分割されて売られていた。

最初に見た家は武蔵野にあった。その物件には庭と言えるほどのスペースはなく、家のまわりを歩き回れるほどの余裕しかなかった。「これじゃ、全然ダメ」ってことで、すぐに二軒目を見に行くことになった。

そこも武蔵野で、場所は三鷹。その家は、どこかの女社長が自分が住むために建てたものらしい。しかし事情が変わって、急きょ売りに出したというものだった。

敷地七十坪のうち、庭が二十坪ほどあった。グズグズ言うのも面倒くさいから、「まあ、これでいいか」と一緒に見に来てくれた兄貴に言うと、「おまえ、そんな簡単な決め方すんなよ！」と呆《あき》れられてしまった。

満足度三割がオレの基準値

いわゆる衝動買いに近いんだろうけど、実はそうじゃない。衝動買いは「つい、いいから買っちゃった」ということだけど、オレの場合は物に執着しない性格で、「これ以上見て回るのも面倒だから、こんなとこでいいよ」ってことになる。

一般的に見れば、人生で最大の買い物だから、慎重になるのが普通だろう。夫婦で何度も足を運び、家族会議を開き、ボーナス併用にしてローンを組もうか、教育費はどうやって捻出《ねんしゅつ》しようか、車のローンとの兼ね合いは……などなど、熟慮に熟慮を重ねたうえで、ようやく「エイ、ヤッ」と清水の舞台から飛び降りるくらいの気持ちで決断するに違いない。誤解してもらっては困るけど、オレだって下積み生活を経て、一生懸命貯《た》めてきたお金での買い物だ。二軒、三軒と次から次へと買えるような代物ではないことも十分わかっている。

しかしオレの場合、自分の最低限の要求さえ満たしていれば、あとはどうでもいいやという性格。だいたいすべてを望むのは難しいし、疲れてしまう。「こうじゃなきゃイヤだ」というこだわりは、仕事でぜんぶ使い切っているので、プライベートではけっこうどうでもいい。だから、緑と畑がそばにあって、犬と遊べるちょっとした庭があれば、それだけでよかった。

自分自身の絶対条件がクリア出来れば、その他の項目には目をつぶる。人間の欲望や要求にはきりがない。「三割満足で十分」でいけば、世の中腹の立つことも少なくなるだろうし、けっこう丸く収まると思う。野球だって三割打てれば立派なもの、だよね。

お金の排泄行為

どこのだれだかは知らないけど、「金は天下の回りもの」とはよく言ったものだ。お金は使わないと入ってこないというけれど、本当だと思う。使った以上に稼ぐ、というのがオレの考え方だから、毎日頑張って稼がなければいけない。

以前、アメリカの有名な超能力者エドガー・ケーシーという人が、「人の健康で最も大切なことは排泄《はいせつ》行為である。排泄行為が円滑に行われていれば健康を維持出来る」と言っていたのを読んだことがある。

口から食べたり飲んだりしたものが、汗やオシッコ、ウンコとなって体の外に出るわけだけど、これが詰まったりすると体の具合が悪くなるわけだ。食事として摂《と》ったものを体が吸収し、不要なものは外に出す。この循環サイクルがうまく機能していれば人間、いつも健康らしい。

この考え方は、お金にも当てはまる気がする。お金を稼いで、お腹いっぱいになるまで溜《た》め込み続け、それでも出さないで溜め込んでいくと、いろいろなトラブルが生じてしまう。体に取り込める量は限られているから、それ以上無理して取り過ぎると、糖尿病やガンなどの病に冒されるのと同じで、お金の健康も維持出来なくなるということだ。

これは、儲《もう》けた分は適切に配当しないと、ねたみや恨みを買ってしまうということだろうか。麻雀《マージャン》だって、独り勝ちの逃げ切りじゃ、「仕方ないじゃん」と言ったって、後味悪いよね。雀荘代はもちろん、ちょっとした食事ぐらいおごれば、「今日はやられたなぁ。またやろうか」というところに落ち着く。勝負に問題がないとわかっていても、そこには割り切れない人間の感情が渦巻いていて、そのわだかまりの部分が、利益の一部を還元することで解消されて、世の中ってうまくいくんじゃないの。

ただ溜め込むだけ、は不健康

食べたら出す。これが自然の摂理。だから、大きな財をなした人は、その摂理に従って、お金の排泄行為をする。それが世に言う、慈善や寄付にあたるんじゃないのかな。海の向こう、特に欧米では、自らの富を分け与えるのは崇高な行為だと解釈されている。稼いだら、その一部を社会に還元する。欧米では、大企業や有名人は必ずこういった社会貢献をしているよな。

下世話なたとえで言えば、オレの小さいころは、東村山の畑の肥料は人糞《じんぷん》のところが多かった。田んぼや畑で採れた米や野菜を食べて、それを排泄する。それがまた田んぼや畑に肥料として戻る。これと同じで、お金が社会という採れたもとの田んぼや畑に戻ることが、経済社会の自然の摂理と言える。

まさに、「金は天下の回りもの」の言葉を裏付けているよな。ほんと、昔の人の言葉には真理をうまくとらえたものが本当に多い、と感心してしまう。

お金が欲しいなら、ある程度使わなきゃ入ってこないし、ただ溜め込むのは健康なお金じゃない。欲のかき過ぎは禁物だ。オレも、体にいいお金を持ちたいと思う。

行き着くところは、シンプル

芸事は奥が深い。だから、オレも常に修行中という初心の気持ちを失わないようにしている。そして、いつかはその頂上を極めたい。そういう思いは人一倍強い。

登山家たちが、たとえば富士山から始めて、アイガーに登り、そしてエベレストという世界最高峰を征服してしまったら、その後、彼らはどうするんだろう。エベレストは地球上でいちばん高い山だ。この山を極めてしまったら、もう目指すものがなくなってしまうんじゃないか、といらぬ心配をしてしまう。その後は、同じエベレストでも、より険しいルートからの前人未到のアタックという目標になるのだろうか。

広い世の中には、そうやって極めた人たちが少なからずいるわけだが、物事を極めてしまった人たちにしかわからないことって、きっと何かあるんだろうな。お坊さんもそうらしいけど、修行に修行を重ねて、達観し、悟りを開いた人には、その人にしか見えないものがあったりするらしい。それはお金にしても、同じことが言えるかもしれない。

マイクロソフトのビル・ゲイツは言わずと知れた億万長者だ。だけど、お金にはリミットというものがない。どこまで稼ぐと、世界最高の金持ちかという限度がない。オレでも知っている有名な雑誌『フォーブス』に、毎年その年の世界一の金持ちが掲載される。けれど、翌年にはランキングが入れ替わったりする。長期にわたって極めることなんて、どんなジャンルでも難しいことなんだろうな。しかし、一瞬でも世界一のレベルに到達した人たちにしか見えないものが、必ず何かあるはずだ。

お金がないときは、だれもが「あいつはリッチでいいよなぁ」とうらやましがったり、「あれだけあったらなぁ」とないものねだりを考える。

オレだって、昔、金がないときは、サントリーレッドの大瓶買って来て、それをコーラで割って飲んでいたもんな。この次はせめてオールドを飲みたいなぁ、なんて思いながら。

三十半ばを過ぎて、ひととおりうまい酒が飲める状況になると、「今度はもっといい酒飲みたいなぁ」っていう気持ちが、どこからともなくわいてきて、高価な酒へと手が伸びる。

その高い酒も、ほとんど飲み尽くしたら、今度は、そのなかでもクセのある、アクの強い酒へと移っていく。

それも極めてしまった最近はというと、もうあまりうるさいことは言わずに、決まった銘柄のいつもの焼酎に落ち着いてしまっている。

途方もない金持ちにまでなってしまうと、これと少し似た気分になってしまうんだろうか。よく金持ちが次に欲しがるのは地位で、その次は名誉だと言われるけど……。

そこまでいくとスケールが違ってきて、凡人には理解しがたいものがあるけどな。

オレも、金はもういいから、芸に関して、一度でいいから、その領域を覗いてみたい気がするね。

帝国ホテルの総料理長は、アジの開きがお好み

一代で財を成した人や名人の域に達した人たちは、その後、文化的な貢献という道に走ったり、かたや極めて枯れた隠遁《いんとん》生活に入ったりと、ギラギラした欲望の世界からは遠ざかってしまうらしい。

それは、世間から一目置かれる職人の世界においても同じみたいだ。

以前、帝国ホテルの総料理長をしていた村上シェフが、テレビで「ご自宅では、どのような料理を?」という質問に答えていた。「家では料理をしません。女房の焼くアジの開きと御飯があれば満足です」。いたって質素な食事だったのに驚いた記憶がある。さぞや毎日、美味《おい》しいフランス料理を食べているんだろうと、オレも含めて見ていた人たちは皆、そう思っていたに違いない。

料理人もあそこまでいくと、フランス料理を食べ尽くしているのはもちろんだろうけれど、料理は自分の天職で仕事。だから、プライベートの時は仕事から離れ、奥さんに一切を任せてグズグズ言わない、というところに行き着くのかもしれない。物事を極めたら、やっぱり最後は「シンプルなところに辿《たど》り着くのかなぁ」と感じ入ってしまった。

ところで、お金に関して極めた＝お金を儲《もう》けた人たちがいる一方で、そのお金を本当に造っている人たち、つまり造幣局に勤めていて実際にお金の印刷に関わっている人たちの感覚って、いったいどうなっているんだろうと考えたことがあった。

毎日、まっさらな紙にお金の図柄を印刷する。インクを盛って、紙を補給して、印刷機にかける。さすがに造幣局では、お金などの有価もの以外は印刷していないから、まだ救われるけど、これが近所のスーパーの大売り出しのチラシも一緒に印刷していたら、悲しいものがあるよな。

大売り出しのチラシだって、紙質の違いはあるにせよ、最初はまっさらな紙だ。印刷している図柄が大根やサンマ、サランラップなだけで、どちらも同じ印刷物なんだ。刷り上がってきたものが、福沢諭吉のデザインか、大根やサンマのデザインかの違いだけなんだから。

もし印刷機が並列に並んでいて、チラシとお札の刷り上がりが一緒に出てきたりしたら、余計キビシイかもしれない。もしそんなことがあれば、お金のデザインに不思議な価値を感じるに違いない。お金という紙そのものは価値のない、ただの印刷物だということを、ここで働く人たちは本当の意味で知っているんだろうな、と勝手に想像してしまう。ある意味、イっちゃってるんじゃないだろうか。

現金による現物支給

　お札は、世の中のあらゆるものと交換出来るところに価値がある。デパートの商品券は、そこでしか交換出来ないけれど、お金はいろんな場所で、いろんな物と交換出来る「交換お約束券」なわけだ。そして、造幣局で印刷の仕事をしている人たちの給料も、自分たちで印刷した「交換お約束券」で支払われる。これは逆の意味で、お金を極めた人たちだと思う。

　白い紙に印刷したものが、自分たちの給料になるなんて、とっても変な気分になるに違いない。しかし、その印刷物であるお金にも制作コストがかかるわけで、その制作コストにもコストがかかるんだから、ホントきりがない。ちなみに一万円札にかかるコストは二十数円らしい。

　造幣局の人たちにとって、お金は「製品」という感覚だと聞く。じゃあ、もし造幣局がつぶれたら、そんなことはあり得ないだろうけど、倒産した会社みたいに「給料払えないから、自社製品で現物支給だ」となった場合、支給される製品はまさに本物のお金。ん〜、やっぱりいい立場にいるなぁ。

「田中、おまえの今月の給料、おれが造ってやったんだぜ」などという会話が、あるかどうか知らないけれど、そこまでいくと、お金の価値や物の価値の平衡感覚が狂いそうだ。

第3章

常識なくして成功なし

ビジネス

自分の人生を振り返ってみる

これからの将来のことや人生設計を立てる時に、何はともあれ、まず自分の人生を振り返ってみる、過去をなぞってみる、というのはどうだろう。「温故知新」という言葉があるけど、何か新しいものが見つかるかもしれない。

就職して間もない人、会社勤めが十年くらいの第一線の人、ベテランと言われる中間管理職の人、そして第二の人生を考えている人、それぞれ経験してきたことは違っても、ちょっと立ち止まって後ろを振り返ってみれば、バカやったり、つらくて泣いたり、金取られたり、女泣かせたり、人助けしたり……と、いろんなことが思い出されることだろう。

よくあるじゃない。二階には上がったものの、肝心の用事を忘れてしまった、なんて。その場で、いくら考えても浮かんでこない。で、もう一度一階に戻ったとたん、何の用事だったかを思い出した、な〜んてことが。

とりあえず、自分をもとの状態に巻き戻してみる。未来を確実にするために、過去を振り返ってみる。これが大切。

ある日、スーッと悟りが開ける

オレも、人生五十二年もやっていると、昔は力んで走っていたのが、いまじゃラジオ体操の最後にやる深呼吸みたいに、すうっと力みが取れて軽くなったというか、なんというか、いろんなことが見えてきた。

そのせいかどうかはわからないけど、人生において、大切なモノとそうでないモノが、自分なりに何となくわかってきたような気がする。

以前のオレは、「オレと同じ土俵に上がって来いよ」っていう気持ちで、新人の放送作家や共演の若手芸人たちにも一生懸命アドバイスしていた。

コント作りは一人の力じゃ出来ないし、まわりの協力がないと何も進まない。そのためには一人ひとりの力が大切で、日々の積み重ねが必要だ。だれか一人でも「手抜きしてもいいや」という気持ちで仕事にかかわれば、結果として、その分クオリティが下がる。クオリティを上げるためには、最低でも一人ひとりが水準以上じゃなくてはならないし、そうあって欲しい、と。

オレの考え方を理解してもらおうと、「何で、わかんないのかなぁ」と、青筋立てながら一生懸命説明してきた。いいものを作ろうという気持ちから。実際、スタッフ全員の力が爆発して、いいものが出来た時の満足感って、何物にも代えがたいものがある。

でも、ある時、「人にはそれぞれ力量があり、考え方がある。だから、その人の出来る範囲で、一生懸命頑張ってくれれば、それでいいじゃない」って、スーッと何か悟りが開けたみたいに、自分でも不思議なほど納得したのをおぼえているなぁ。それ以来、妙に枯れたというのか、あまり腹を立てることもなくなってきた。

こんなふうに、あらためて自分を振り返ってみれば、ある程度の年齢にならないとわからないことや、経験を積んでみないと腹から納得出来ないことが人間にはある、ということがわかる。

オレもやっと、これまでの自分を「うん、うん」って、うなずけるようになった気がする。そういった意味でも、まずは自分の人生を振り返ってみることだ。

ちょっと前の常識、いまの非常識

この道が正解と思って一生懸命進んできた道が、途中、ほんのわずか数センチのずれに気づかなかったばっかりに、十年、二十年経《た》ってみると、とんでもないところに行き着いてしまっていたりするものだ。

中央線と総武線、東西線は三鷹から中野まで並行して走っている。しかし、中野駅を過ぎたところで、三つの電車はそれぞれ別々の駅に行ってしまう。「この電車じゃなかった」って、他の電車を横目で見ても、その時はもう手遅れだ。

でも、いまならまだ間に合うかもしれない。いや間に合わなくても、間違っていたということに気づけば、目的地を変えるという選択肢だってある。

振り返ってみると、いまから三十八年前の東京オリンピックや、その二年後の、オレの好きだったビートルズが来日した時、日本は一ドル三百六十円の時代だった。

十年ほど前のバブル絶頂期の日本は一ドル百六十円。そしてバブル崩壊後、数年経った九十五年には一ドル七十八円の史上最高の円高を記録したものだ。

そして現在、一ドル百二十五円前後。この為替相場と連動するように、世の中の金銭感覚はもちろんのこと、価値観や常識も、比べものにならないほど変わってしまった。

東京オリンピックが開催されたころは、外貨の持ち出し額が制限されていて、ドルだって一人五百ドルまでしか国外に持ち出せなかった。日本も世界から見れば、まだまだ貧しい国だったんだろうな。

当時、家庭の「三種の神器」と言えば、テレビに冷蔵庫、洗濯機だった。テレビは白黒で、チャンネルをガチャガチャと手で回すやつ。リモコンなんて、未来宇宙映画のなかだけだと思っていたら、アメリカじゃ、五十年代にはすでにそんなの当たり前で、カラーテレビも普及していたらしい。それを後で知った時に、「こりゃ戦争に勝てないわけだ」とあらためて納得したのをおぼえている。

海外旅行にしたって、いまでは当たり前のように、年間何百万人という人たちが海外に出かけているけれど、昭和の三十年ごろまでは、搭乗者はＶＩＰ待遇で、航空会社が自宅までハイヤーで迎えに来ていたらしい。そのくらい当時のエアチケットは高価だったし、庶民には夢のまた夢だったんだよな。

深夜のタクシー代二回でロス往復

いつごろからか、商店街の福引きの目玉商品が、香港旅行四泊五日になっていった。それですら昭和五十年くらいまでは庶民には夢だったし、新婚旅行は熱海だったというカップルも大勢いた。「飛行機に乗ったことがない」なんて、ほとんどの人たちがそうだったし、「東京に行ってみたい」が地方の若者たちの夢だった。

ところが、いまじゃ、東京―ロスのディスカウント・チケットで、エコノミーだったら、往復で三万円台なんてのがざらにある。へたすると六本木で飲んで、深夜にタクシーで三鷹あたりまで帰ったら、二回でロサンゼルス往復、三回でニューヨークまで行けてしまうんだから、昔じゃ想像もつかなかったね、ホント。

そのタクシーだって、バブルのころは、夜十時を回ると、木曜、金曜の繁華街でつかまえるのは至難の業だったな。拝み倒して、乗せていただくという感じだった。タクシーの運転手さんに見えるように、万札を割りばしにはさんで「止まってちょうだい」のアピールをしていたサラリーマンも大勢いたよね。ゲイバーのチップじゃないんだってば。

銀座や赤坂、六本木のクラブだって、客が引きも切らずあふれていたから、ここが稼ぎ時ってことで日曜日も開いていた。その時は、だれもが、いまのこんな状況を予測出来なかったし、ず～っと好景気が続くとは思わなかったけれど、ほんの二、三年で劇的に変わってしまうなんて、だれも想像しなかった。

当時の一万円の価値は、いまの千円くらいだったかもしれない。いま考えると「あれは異常だった」って、いろんな人は言うけれど、あの時期は、あの時期の常識というものが、日本中に働いていたからなぁ。しょうがないのかもしれない。

超好景気の時代、日本企業はロックフェラー・センターなんかを買収したりして、世界中から日本企業はエコノミック・アニマルって敵視されるほどの存在だったけれど、それがいまじゃ先進八カ国の首脳会談で、「早く経済を立て直せ！」と怒鳴られる始末。日本企業を代表する富士通や東芝、日立などの電機メーカーまでもが、一万人以上の人員削減というところまで追い込まれているし、大手ＩＴ関連十社のリストラを合わせると、その数何と十万人近くにのぼるというから驚きだよな。

ついこの前までは、「日本に学べ」ってことで、海外では日本について書かれた本がずいぶん出版されたり、日本語がブームだったけど、いまじゃ嘘《うそ》のように、どこかに消えちゃった。

まわりが変わるか、自分が変わるか

「ちょっと前の常識、いまの非常識」というくらいに、いま何が正しいのか、価値があるのか、標準なのか、当たり前なのか、だんだんわからなくなっている。

たとえば、つい最近まで、会社で契約していた食堂の食券が、知らない間に使えなくなっていたというのと、何だか同じ感覚だ。月曜日に会社に来て、昼、使おうと思ったら、食堂のオバチャンに「あんた、その食券、もう使えないよ。おたくの会社、先週で契約やめちゃったからね」と言われて「え、何で」と思う、その感じに似ているかな。

昨日までの常識や当たり前のことが、今日すでに当たり前じゃなくなっている。オバチャンは「使えないよー」って教えてくれるけど、自分が持っている価値観や常識が、まだ使えるのか、もうダメなのか、このご時世、だれも教えてはくれない。だから、ちょっと遠めに自分を置いてみると、いいと思う。

そして、もっともっと離れて自分を見てみると、最終の目的地や方向はこれでいいのかなという疑問がわいてくる。ひょっとすると、走っている間に仕事観も人生観も変わっていたかもしれないし……。

だけど、考え方が変わっていたにもかかわらず、真面目《まじめ》な人は「最初に決めたことだから」と、無理やり自分を納得させてたりする。子供のころ、厳しくしつけられた人なんか、途中で軌道修正することや変わることに、妙な罪悪感があったりするからなぁ。

人間、年取れば味覚だって変わる。酒のつまみにもってこいの「なまこ」とか「ほや」なんて食べ物は、酒と一心同体、間違ってもコーラには合わない。大人になって、酒の味を知ってから、初めてそのうまさが実感出来るわけで、幼稚園の子供が「これ、いけるね」なんて言わないよな、絶対に。

それと同じことで、人生において、味覚の路線変更はありだ。いろんな味を知ってから、初めてその本質がわかるもの。だから、少し味がわかってきたら、今度はその味をものさしにして、感覚も、常識も、人生設計も、変えてしまえばいいんじゃないの。

変な縛りは、女のヤキモチぐらいで十分だと思うんだけどなぁ。

他人の常識、オレの非常識

巷《ちまた》の常識が、以前のように不変じゃなくなっているから、オツムの回転にも柔軟性を持たせないと、世間から取り残されてしまう。それって、つくづく怖いことだと思う反面、「オレのことはほっといてくれよ」という気持ちにもなる。

世代と世代の間に溝がでーんとある、ということも、常に頭に入れておかないといけなくなってしまった。つまり、隣の席に座っているＯＬや男子社員が、自分と同じ感覚で行動し、仕事をしているかといえば、実はそうじゃないというところに、早く気づいたほうがいいってことだ。

たとえば、部下と同じ大福もちを食べているとする。そんな時、相手も自分と同じアンコ入りを食べていると思い込みがちだ。でも、中身はクリームだったり、イチゴだったりする。それでも「美味しいよね、この大福」という具合に、会話は噛《か》み合ってしまうから始末が悪い。中身は別なものなのに。実は、お互いの「普通」や「好み」

が、すでに違っているかもしれないってことだ。

明らかに違うこともあったりする。『BMW』を「ベンベー」なんて、いまじゃだれも言わない。ちゃんと「ビーエムダブリュ」だ。車の自動変速機だって「ノークラ」や「オートマ」で通じると思っていたら、世の中の標準の言い方は「AT車」なんだよね、もはや。

オレと同世代の連中なんか、グループサウンズのことを、いまだに「GS」なんて言ってるけど、若い連中が「それってガソリンスタンドですよね」って言うんで、オレもついつい「そうなの」って、ごまかしたこともあった。

聞いたところによると、ソロバンなんか平成生まれの人種には、計算するための道具というより、新しいオモチャか、おもしろいオブジェに見えるんだとか。最近の子供たちは、計算だって計算機ばかり使っているから、暗算が出来なくなっているし、漢字だってキーボードで入力して選択だろ。普段から自分の手で書くということをしないから、漢字を書けない若者が多くなっているらしい。

常識は不変ではない

やっぱり、原始的でも普段からコツコツと、昔ながらの基本を学ぶというほうが、最後には潜在的なパワーが身につくのかな。便利なほうへ行くのは、基礎をやってからにしないと、逆にわけがわかんなくなってしまうと、オレなんか思うけど。

さらに、わけがわかんない同士がくっついて、新しい常識というのが出来てしまって、まっとうなことを言ってる人が非常識の立場に追い込まれちゃう、っていうのもつらいよな。クリーム大福やイチゴ大福が新しい定番となって、アンコの大福は「もう古くさい」と言われたら、がっくりだよ。ま、それはそれで新しい展開だから、いいけどね。

小さなことで長々と書いてしまったけど、こうやって簡単に振り返ってみても、昨日まで安心だと思っていた大会社がつぶれたり、同じ一万円や一ドルの重みが、それぞれの時代によって違ったり、それもたった数年の違いで、世の中のものさしが急激に変わっているという現実。この現実を素直に受け入れることが出来るかどうか。ここが肝《きも》かもしれない。

昔、つき合っていた彼女の、はつらつとした若い笑顔。二十年ぶりに再会して見た現実。これをどう自分に納得させられるか。これに似ているのかな、感じは。

でも、二十年の年月ってきついだろうなぁ。見たくないけどよ、ホントのところは。

個性は変人、常識は凡人

物事にはすべて裏と表がある。昼と夜、黒と白、金持ちと貧乏、ブスと美人など、必ず対極に位置するものが存在する。

人間もそうだ。雇われる人と使う人、テレビ局側と視聴者などなど、枚挙にいとまがないほど例はあるけれど、大ざっぱに分けて「受け手」と「出し手」に分けるなら「出し手」のほうが圧倒的に個性的だ。

本屋さんで陳列されている本や雑誌を買う人と、それを作る人、いわば本棚に並べる側の仕事をする人とは、明らかに違う。テレビの場合もそうだし、映画だってそうだ。料理店だって同じ。「受け手」の人は、自分と同じレベルや自分で出来るものに、あえてお金を出したりはしないものだ。

以前、藤山直美さんに「オレって、少し変わっているんですよね」って言ったら、「テレビに出てはる人は、少々変なぐらいが、ええんちゃいますかぁ。普通の人が、普通の人を見とうないでしょ」と言っていた。

芸能人やミュージシャン、芸術家や料理人をはじめ、いわゆるモノを作る側の人たちは、フツーとは違う自分たちの毒や狂気、センスの部分をウリにしているわけだ。だから、フツーの何の変哲もない人間を、商品として簡単に表舞台に出してはいけないと思う。

最近は、芸能人があまりにフツーで、軽くなり過ぎて、オレから見れば「おまえら芸人じゃねえよ」と言いたくなる。

いっそ開き直って、地の自分を出す

そういえば思い出したことがある。近ごろの若いOLたちがよく口にする言葉。「これ食べやすい、飲みやすい、聴きやすい」というふうに、何でもかんでも軽くて、薄っぺらな表現にしてしまう言い方。本当の意味を具体的に説明出来ないから、ただ「〜やすい」という言葉でごまかしているだけだ。フツーの芸能人たちと通じるものがある。

オレのお笑いを見て、「見やすいコントですね」なんてコメントしたら、ハッキリ言ってキレる。じゃ、「やりやすい女ですね」というのがあるのかよ、答えてみろってね。クセもなく、当たりさわりがないってことは、それだけ個性に欠けるし、ある意味、価値が低いということだ。

ロサンゼルスの脚本家がおもしろいことを言っていた。「このロスの街には、大勢の世界的なロックミュージシャンや映画俳優、監督、作曲家、作詞家、脚本家が住んでいて、この街の八割以上が、彼らのようなイカれた職業の連中だ。だから、この街で認められるには、ヤツら以上にイカれていなくちゃだめなんだ。レストランのウエイターだって、ただサービスしているだけじゃ務まらない。他と違う何かがなくっちゃね」。

人から認められるには、相手以上のインパクトが必要だし、ましてやお金をいただくためには、「フツー」であることは何の役にも立たない。

会社のなかでも、ことなかれ主義で、ダンマリを決め込んでいるのはよくない。黙っていたって、明日リストラされるかもしれない世の中なら、いっそ開き直って地の自分を丸出しにすればいい。見直される可能性だって少なくないと思うな。

だけど、フツーじゃだめだというのは、常識はずれになれってことじゃない。逆説的なようだけど、社会人としての常識は絶対に欠かせない。もの作りの個性はトンガっているけど、日常生活では常識人でいたい。逆に、個性は凡人並みで、常識のほうはイっちゃってる変人じゃ救いようがない。

オレはいつでも「個性は変人、常識は凡人」でいたいと思っている。

常識のない奴に成功なし

仕事をしていくうえで、必ず守っていることがひとつある。それは、どんな時でも約束の時間前に現場に入る、ということだ。

当たり前と言えば当たり前の話だが、昔から最低でも十分前には約束の場所に到着するようにしている。それは、相手がどんなに偉くても、有名でも、金持ちでも、年下でも、後輩でも、まったく変わらない。仕事のスタート時点では、いつも相手と対等でいたいと思っているからだ。もし時間に遅れてしまえば、相手に対して引け目を感じたり、借りを作ってしまうことになる。まだ仕事をしてもいないうちから、相手に借りを作るのはごめんだし、いやだよな。

まだ新人のころ、まわりの仕事関係者はみんな年上の先輩だった。当然、先輩たちと比べれば、オレにはキャリアも実力もない。引け目どころか、仕事中はオドオドしっぱなしだ。だから、十分前には現場に入ることで、せめて最初くらいは五分と五分でいたいと思っていた。

キャリアを積み、現場での立場が変わったいまも、そのスタンスに変わりはない。『バカ殿様』の収録の時など、オレ本人が遅れたり、時間にだらしないことをしたら、いまでも引け目を感じてしまう。それに、スタッフに借りを作ってしまうどころか、彼らに時間にルーズなことが当たり前と思われてしまう。だから、余計早くスタジオ入りする。それより何より、いちばん頭のオレが当たり前のことをキチンとやることで、現場にいい意味での緊張感が生まれてくる。

芸能界って、昔から現場に遅く来たほうが偉いっていう、暗黙の了解のような雰囲気があって、大物は遅く来るのが当たり前みたいなところがある。でも、それってかなり常識とズレていると思うよ。一流企業になればなるほど、会社のトップって社員のだれよりも早く出社するって聞くけどなぁ。

常識を三割増しにすればいい

いまでもそんなだから、仕事の待ち合わせで、オレのほうが相手より早く来ていることが多い。だから、ついつい「あ、お待たせしましたか。申しわけありません」と恐縮がられてしまうんだけど、相手だって約束の五分前に来ていたりする。

オレみたいに、この世界でベテランの部類に入ると、「あ〜、どうも、どうも」と五分や十分、平気で遅れて来るものと思われているらしいから、初対面の相手には、それだけでけっこうインパクトとプレッシャーがあるみたいだ。

そんなことを繰り返していくうちに、相手もオレより早く着くようにしようとするから、しまいには、お互いに待ち合わせ時間の三十分前に来ているようなことになったりする。

オレのこの習慣は、もはやクセと同じだ。そうしないと気持ちが悪い。たまに「オレって、世間的にかなりまともな常識人?」と、自分自身でも感心してニヤっとするけど、どんな業界でも最低限度のルールを守らない奴や常識のない人間は成功しない。

お笑いみたいなものでも、常識を知らないと本当のツボというものがわからない。常識は基本線で、お笑いはその常識という基本線をひっくり返すところで、コントとして成り立っている。だから、笑えるワケよ。

お笑いに限らず、常識をバカにする奴に、常識を超えたことは絶対に出来ない。会社でも、当たり前のことをコツコツやることって、いちばん大事じゃないのかなぁ。ごく普通の、常識と思えるような些細《ささい》なことを、地味に、当たり前のように続けていれば、そのうちまわりが認めてくれるに違いないと、オレは信じるね。

でも、これって難しいんだよな。学校の先生みたいに常識というものを教えてくれたり、親切心から叱《しか》ってくれる人って、会社のなかにはなかなかいないから。

それに、いまのご時世、一見すると常識というものが軽んじられていて、非常識な人間のほうが成功しているようにも映る。だから、みんな常識を真面目《まじめ》に受け入れるのがバカバカしくなっていたりするんじゃないのかな。

でも、常識というのは、人間の基本の知恵なんだと思うよ。守って損することはない。深夜のタクシー料金じゃないけれど、日ごろ、常識の二、三割増しを心がけていれば、まず間違いない線でいけるんじゃないのかな。

仕事の最初の掟《おきて》、それは礼儀だ

ほんとは、こんな学校のホームルームで話すようなことを、あえてここに書く必要はないんだろうけど、いかんせん非常識な若い奴が多いし、最近じゃ、かなり高齢の人たちまで、同じような傾向にあるような気がするから、言うんだけどね。

仕事が出来るとか、能力があるとかないとか言う前に、まず最低限のことが出来てから、仕事に行くべきじゃないのかな。人間としての最低限のことって、礼儀だと思うんだよな。サルとか皇帝ペンギンの社会だって、ちゃんとした礼儀やルールが決まっている。動物でもそうなんだから、人間社会は上下関係や、それに伴うしきたり、挨拶《あいさつ》が明確に決められている。

ところが、いまの若い連中は何なんだろう。ロケバスで移動している時なんか、バスの窓を叩《たた》くなって思うんだけど、叩いてくる。たいてい窓を叩くのはツッパリの兄ちゃんとオバサンと決まっている。どうしてなんだかわからないけれど、彼らには共通しているものがある。そう、常識がない。

「自分がやられてイヤなことを人にしない」

これって最低限の常識だとオレは思うんだけど。遅刻も同じこと。ほんとに、小学校の先生じゃないけれど、こんなことガキだって知ってるのに、わざわざ言いたくないけど、あまりに多いんで、ついグチっちゃった。知識だの、成績だの、売り上げだのと言う前に、まずこれを身につけてから、世間に出てもらいたいもんだ。

礼儀は永遠に不滅です

オオカミの社会では、獲物を捕ってくるリーダーつまりボスに対して、服従しますというハッキリとした意思表示を、他の仲間は行動で示すし、リーダーも獲物を捕ることが出来なくなり、ボスの座を譲ってしまうと、群れのなかで最も低い、子供以下のポジションになってしまうという。オオカミの社会の掟《おきて》だ。これだって、群れのちゃんとしたルールに従って続けられている。

それが、服従の挨拶はしないわ、序列を守らないわでは、ムチャクチャになるだろうっていうの。

掟《おきて》といえば、以前、八代亜紀さんをオレの番組にゲストで呼んだとき、上から水が降ってくる場面があったんだけど、一回目からガバーって水かけられないから、シャワーみたいな感じでかけたら、「志村さんの番組だから、もっとすごいって覚悟して来たんだけど、本当はもっと派手にやるんでしょう?」って言われたんだよね。でも、最初からいきなり、ゲストに、そんなことは出来ないし、先輩格の人ならなおさらだよね。八代さんは、ああ言ってくれたけど、オレのなかでは、当然守らなければならない最低限の掟《おきて》だね。

つまりオレは、自身が自分の番組で目立つよりも、ゲストの人をいかに目立たせるかを考えるんだな。気持ちよく帰ってもらいたいもん。そしたら、また次も気持ちよく来てくれるだろうし。そのためにも、まずは礼儀だよね。やはり芸能界というよりも、人間社会のルールということを、第一に考えるよね。

自分がされたらブチ切れるようなことを、最近の若手は先輩や年上、ゲスト(お客様)といったことをまったく考えずにやってしまう。平気でガバーって水かけたりして、しかも喜んでいるんだから、その神経を疑ってしまう。

礼儀の問題は新しい、古いって言っている場合じゃない、古今東西、永遠不滅のものだと思うな。

準備こそ全力投球

オレは昔からそうだけど、コントを作る場合、かなりの下準備をするし、出来上がった後でも念入りに何度もチェックする。テレビを見ている人たちは、オレたちが一瞬の笑いをとるために、まさか、こんなに時間をかけて綿密に作っているなんて、想像もしていないだろう。たった、アハハハハのために、だいの大人が寝ないで考えているんだから。

制作予算の割り振り（セット、出演者のキャスティング……）に始まり、ネタのすり合わせまで、すべてがピタっとジグソーパズルのように適材適所にはまってこそ、輝く笑いが作れるというもの。それもこれも、すべては完璧《かんぺき》な下ごしらえがあってこそだ。

でも、その下ごしらえが相手に見透かされるようじゃ、ぜ～んぜんいけない。苦労した跡がバレるようじゃダメ。あくまでもサラっと自然に、が基本だね。

何を言いたいのかというと、仕事に限らず何でもそうだけど、「おれ、頑張りました」ってところが見えてしまうようではまずい。頑張ったとか、努力したということを、ことさら強調する奴がいるけど、それって手品で、すぐさまタネあかしをしてしまうのと同じじゃないのか。いとも簡単にやっているようで、実はその裏で血のにじむような努力と完璧な準備があるからこそ、金を取れるモノになるわけなんだから。

江戸前の鮨《すし》屋だって、こはだや穴子なんかは、メチャクチャ手間のかかった下ごしらえが必要だ。でも、いちいち「お客さん、これ仕込むのに何時間かかってると思います？　準備の手順は……」なんてことを、くどくどとカウンター越しに話しかけたりはしないよな。そんなことしたら粋じゃないし、江戸前じゃない。涼しい顔して「なんてこたぁねーですよ」の素振りで握っているからいいんでね。

仕事は八割方、準備で決まる

完璧なものを求めれば、それだけ準備に時間がかかるのはしょうがないことなんだよ。完全主義者は仕事が出来ない奴が多い、なんて話を聞いたことがあるけど、それは違うと思う。完璧なものを求めて頑張ったって、百パーセントのものはできない。せいぜい、いいところ八十点じゃないの。

最初から全力でいかない奴は、その時点で先がない。だから、オレは準備も全力で完璧なものを目指す。その大事な準備作業を人任せにするのは、最後の責任を放棄しているようなものだ。スカイダイビングだって、パラシュートは、降下する前に必ず自分自身でたたむ。命を賭《か》けるものを他人任せではダメだし、万が一の場合、その責任が他人にかかってしまう。それに、本人も後悔するに違いない。だから、パラシュートは自分でたたむんだって。

オレは気が小さい分、用意周到で抜かりなくという性格だから、その場でアドリブなんていうのはやらないし、嫌いだ。アドリブのように見せて、その実、最初から仕組んであるというスタイルだから、即興的なものは苦手。だから、準備段階でほぼ出来は見えているといってもいいんじゃないかな。

ただし、いくら完璧だと言える準備でも、その場のちょっとした間《ま》や、空気感みたいなものまでは、どうにもならない。一緒にやる人たちのノリと才能に左右されることが大きいのも事実。しかし、八割方は、もう前段階で決まっているようなものだ。

最近は、この大切な準備に全力投球する人たちが少ない。やっぱりプロは、下ごしらえもプロじゃなくちゃダメじゃないの。成功の鍵って意外と地味なところにある、というのが、オレの持論だ。

飾らないことが、いちばん

悲しいもので、だれしも自分をよく見せたい、見られたいという気持ちがあることは否定出来ない。だから、ついつい大きなことを言ったり、出来もしないことをさも出来るような振りをしてみせることがあるよね。ま、このあたりまでは可愛いほうだけど。

仕事先で重要な相手に会ったり、けっこうな大物と言われている人と初めて顔を合わせたりする場合、妙に自分を作ったり、変な理論武装に走ったりしてね。実はわかってもいないのに、知識の一夜漬けみたいな小難しい理屈をパーっと机の上に広げて、さも自分は仕事が出来ます、というポーズをとってみたり。また逆に、思ってもいないのにC調な相槌《あいづち》をうってゴマすってみたりと、見る人が見れば一発で見破られるようなことを、本人は気づかないまま、けっこうマジでやっているわけだ。

だけど、それなりの年配の人や場数を踏んできた人、そして一流と言われる人たちの目はごまかせないもんだ。ありとあらゆる経験をしてきたがゆえに、モノの本質を見極める眼力は、そりゃ相当のもの。「人生の目利き人」じゃないけれど、相手の値打ちを即座に値踏みしてしまう。

ダメな奴ほど文句ばかり

骨董品がそうだけど、割れた壺《つぼ》や破れた屏風《びょうぶ》なんかを素人判断で直してしまった場合、そのままの状態の時よりも、値段はグーンと下がってしまうらしい。いくら壊れていないようにつくろっても、しょせんは素人、プロが見ればバレバレなんだよな。だから変にいじくったりしないで、そのまんま「これ、壊れてるけど、この状態でいくらですか?」と、最初から正直に言えばいいんだよ。正直者は救われる!

オレの芸だって、酔っ払いを演じるんでも、自然に見えるようにするのがいちばん難しい。自然に見えるってことは、それがいちばんリアルな状態なのよ。オレは、そこに目をつけた。「自然にね」という簡単な姿が意外と難しい。

人間、いついかなる時も自然な振る舞いが出来ればＯＫじゃないのかな。妙な飾りや洒落《しゃれ》た小細工は、かえって逆効果という場合が人生には多い。

料理だって、焼き魚を注文したなら、分不相応な飾りやつけ合わせはいらないし、新鮮で美味《おい》しい素材だけで十分。それをゴテゴテと、いろいろ飾っちゃうというのは、客から見れば何がメインかわからなくなるし、それ以上に、魚に自信がないんじゃないの、と疑っちゃうんだよなぁ。だから、変な策を弄さないで、素のままの自然体、へたな策なら策がないのが最善の策だと思うよ。

普段から自然体で生きてる人間って、だいたい、カリカリしていない。逆に、無理してる奴は、文句ばっかり言ってる。

「死ぬときも、文句を言いながら死ぬのかよ」って思う。せめて、死ぬ時ぐらいは感謝して死にたいね。でも、ダメな奴って口ごたえばっかり言って、まわりのせいにする奴が多いんだよね、実際。で、そういう奴が小細工したり、妙な策を練ったりするものなんだよ。

仕事の出来る人たちというのは、「へたな策は数打っても、当たらない」ということがよ～くわかっている。

仕事の前に女房の管理

いい仕事をするためには、集中力が必要だ。集中するためには、それなりの環境整備が必要で、仕事の妨げになるようなことは極力排除すべきだと思う。私生活のわずらわしい問題や、ゴタゴタなんかを抱えていると、仕事どころじゃなくなるからな。そのプライベートな部分で、最もかかわり合いがあるのが奥さんだったり、彼女だったりするわけだ。

過疎化した田舎のほうじゃ、「息子に、だれかいい人いないだろか?」と、母親が息子の嫁さんの心配している様子を、たまにテレビでやっているけど、苦労して嫁さんをもらったのはいいが、とんでもないことになっちゃった、なんて場合もある。

その嫁さん、すなわち女房自体がストレスの原因というケースが、近ごろではあまりにも多い。女房のコントロールと管理が出来ない奴に、仕事が出来るわけがない、とオレは言いたい。独身だったら、彼女の操作も出来ない奴に未来はない、と力説するだろうな。

以前こんなことがあった。構成作家と一緒に打ち合わせがてら飲んでいた時に、「じゃ、そろそろ……」とか言って、何度も電話をしに席を立つから、「おまえ、何回も何回も、どこに電話してんだよ」と聞くと、「カミさんにです」って言うじゃないか。「そんなに急いで帰んなきゃいけない理由でもあるのか?」と、さらにツッコむと、「家に帰ってから、もう一回晩飯食わなきゃならないんですよ」との答え。道理で、あんまり食べないなぁ、とは思っていたんだけれど。

「いったい全体、いま、オレと女房と、どっちがメインなんだよ」って怒ったね。そのカミさん、三食昼寝つきの専業主婦というじゃないか。「だれのおかげで食ってんだって、ガツンとなんで言ってやらないわけ? じゃ、おまえ、家でもちゃんと真面目《まじめ》にセックスしてんのか?」って聞いたら、「いいえ、あんまり……」だって。つくづく女房に頭の上がんない男はダメだと思ったね。

あと、「明日早いから、もう今日はこのくらいで帰りましょう」なんてことを、真面目な顔で口にする奴。

最近では、女房や彼女の言いなりの男があまりに多い。「僕は家族を大事にしてますから」とか、「彼女のことをいちばんに考えてます」なんてことを平気で言っている奴に限ってダメなのが多いし、大事にするとか、大切にするっていう意味をはき違えているんじゃないの。

何でも「ハイ、ハイ」って、女房の言うことを聞くってことじゃないんだよなぁ。気づかないような隠れた心配りだとか、いざっていう時に頼りになる安心感みたいなものが、本当の意味での大事にするという思いやりじゃないのか。

それで、そんなダメ男たちと一緒にいる女が決まって吐くセリフが、「すぐ、オレが悪いんだよ、と言う人は嫌い」。言うこと聞いてくれて、本音じゃ芯《しん》の強い男がいいなんていう、甘いのも辛いのも両方欲しい的ワガママ女には腹が立つ。

私生活に振り回されるのは損

ヤワな男が悪いってこともあるけれど、近ごろじゃ、女も要求し過ぎだとオレは思うよ。仕事して、もらった金で家族を養っているんだから。その仕事をバリバリさせるべく、お父さんを気持ちよく働かせるようにもっていけば、結果、よりいい給料になって自分たちにも返ってくるのに。本来なら憩いの人であり、癒《いや》しの人となるべき相手が、ストレスの元凶じゃ話にならないもんなぁ。

オレも『バカ殿様』の番組のネタを考える時なんか、一カ月以上前から集中しているから、いくらつき合ってる彼女でも、その期間は構わないで欲しいっていうのはあるね。そのスタートの部分は、まさに生命線だから。

だからそんな時、ベタ～っとしたコミュニケーションを要求されると、とたんにイヤになっちゃうんだよね。男がいざ出陣という時に、間延びした声で「ねぇ、一緒に温かい鍋食べようよ～」って言われる感じ。そうなると、オレは仕事最優先だから、自然と女から離れちゃうことになるんだな……いつも。

一日、二十四時間しかないわけだから、私生活にあまりに振り回されると、仕事にかけるエネルギーの半分以上を、使いかねないから考えものだ。第一、いちばん身近な人間の気持ちもつかめず、コントロール出来ない奴に、仕事上でも相手の琴線《きんせん》に触れるような芸は、とうてい無理だ。

ともかく、仕事がうまくいってこそ、私生活も充実する。一文無しじゃ、私生活も何もあったもんじゃないんだから。それをわかってくれる女を選ぶことは、見る目があるってことだ。女房（彼女）は、自分自身を映す鏡だと思えばいい。

「遠くて見えない尻の毛と、近くて見えない目のまつ毛」なら、まずはいちばん近場のまつ毛を見てみることだね。

二等賞がホントの一等賞

お笑い芸人のなかで、先頭集団に残っていくのはかなり難しい。それも、何十年もの長期にわたって維持していくことは、並大抵の努力と集中力では不可能だ。節操なく、どんな番組でも見境なく出演していると、天才と呼ばれる人は除いて、普通の芸人なら、すぐ電池切れで寿命が尽きてしまう。逆に、もったいつけていると、出番も少なくなって、今度は忘れられてしまう。

このあたりの兼ね合いってほんと難しいんだけれど、どんな業界でも生き残りレースはマラソンと同じだ。テレビでマラソンの中継を見ていると、つくづく「人生と同じだなぁ」と感じてしまう。

スタートの時点では、みんな一緒に映し出される。一見、みんな同じように見えるけど、マラソンの場合、どの選手が早いタイムを持っている注目選手なのか、最初からわかっているから、カメラも当然その選手に集中する。一般社会で言うなら、スタート時点の注目株は毛並みのよい家柄や高学歴の人の子ということになるのだろうか。でも、人生の出発点はみんな子供だから、外見だけじゃよくわからない。

前半の五～十キロ地点を過ぎるあたりから、先頭集団といくつかのグループに分かれ始める。このあたりは目まぐるしく順位が入れ替わる。ここで先頭集団グループに入っていなければ、後はない。油断していたら、落ちこぼれという状況にもなりかねない。

芸能界だったら、ブラウン管に映し出されることも、ほとんどないことになる。先頭集団だけのクローズアップが続くから、先頭集団以外の選手はほとんど目立たなくなる。

一般社会なら、中学、高校、大学という受験時代に当てはまるかな。勉強が出来て、高学歴というレース前半のサバイバルレースに勝ち抜いた者たちだけが、優勝争いに加わることが出来るわけだ。

そして、中間点を過ぎ、後半の三十キロあたりからが、本当の勝負だ。先頭から遅れた選手は気持ちが切れて、途中でリタイアする選手が出てきたりする。最初から先頭集団を引っ張ってゴールするのは、よほどの実力と精神力がなければ続かない。

たとえば『ツール・ド・フランス』のような自転車競技だと、スター選手が最後にゴールするために、わざわざチームメイトが入れ替わりで、その先頭に立ち、風よけ代わりになって空気抵抗を減らして、体力の消耗を防ぐ役目を果たす。それくらい先頭は風当たりも強いし、人一倍体力を使う。

でも、人生というマラソンは孤独な単独レース。そういうわけにはいかない。無理して先頭をキープしようとすると体力を消耗して、途中棄権の可能性だってある。

オレ流「継続は力なり」

オレの基本は、昔から、二番手、三番手狙い。つかず、離れずのこの位置は、とりあえずテレビには映るし、時たま順位が上がったり下がったり、微妙だけど順位が入れ替わって励みになるのがいい。そうして、最後の勝負で、一気にいちばん先頭に躍り出る、そう思うだろ？　それが違うんだよなぁ。二番、三番のままでゴールしてしまう。

その理由は、一番になってしまうと、次から一番を取るのが当たり前と世間から思われてしまうから。これはかなりのプレッシャーだよ。勝って当たり前。もし、二着や三着になったら、「いったい、どうしたんでしょうか、不調ですかね」などと言われてしまう。いつもいつも全力疾走で、しかも一番を取るなんて、死ぬほど大変なことなのに、他人はそう見ない。だから、長続きしない。

そこへいくと、二番、三番は断然気が楽だ。他人の印象だって「今回は二着でしたが、また次に頑張ってください」と、責められはしない。それに、一等という目標を残しているから、まだ次のステップがある。

それにしても、一等の優勝者はつらいよな、先がないから。後は、その順位を維持するだけの防衛戦的頑張りにしか残された道はないし、人もそれを期待しているから、どっと疲れてしまう。

一般の仕事でも、同じことが言えるんじゃないの。広告代理店なんかに多いパターンだけど、大学を卒業して入社し、一年ぐらい経《た》つと、優秀な奴はバリバリ営業の第一線で活躍している。それに比べ、親のコネで入ったダメ息子や、真面目《まじめ》だけが取り柄のパッとしない奴は、窓際の仕事みたいなものをやっている。

ところが、入社して十年、二十年、それ以上経ってみると、なぜかダメ社員だった奴が、いちばん出世していたりする。不器用だけど、マイペースで、コツコツ地道に働いてきた人が上に立って会社を支えていたりする。いちばん出世頭だと思われていた優秀な営業マンだった奴はどうかといえば、飛ばし過ぎて体力がもたなかったり、なかには早死にする奴も出る始末。

まわりの連中が、途中転職したり、辞職したり、知らぬ間に勝手に脱落していってくれて、気づいたら、決して優秀ではないけれど地道にやってきた奴が、消去法によって先頭集団に残ってしまった。こんなことが人生にはありがちだ。

納得いかない気もするけど、本当にこんなことがよくあるから、人生は侮れない。そんなふうに考えたら、自分を壊してまで、トップを目標にするってことも考え直したほうがいい。だいたい、一番になれない人が大半じゃない？　ガムシャラに、トップスピードで瞬間的に走り去る人生もありだと思うけど、マイペースで、そこそこの位置でずーっと走り続ける。これが、オレ流の「継続は力なり」だと思うけどな。

第4章

マネーがマネーを生む処世術

人は「におい」でわかる

すでに書いてきたように、素のオレはかなり無口で、初対面の人としゃべるのは、けっこう苦手だ。仕事で、脳味噌《のうみそ》のなかの全知全能と、キンタマのなかのほとんどの精力を使い切っている感じだから、正直な話、プライベートの時は、あまり人に気を使いたくない。

だから、仕事以外の普段着のオレは、テレビで見るのとまったく別人に見えるらしい。無口というか、特に飲んだ翌日の午前中なんかに会った人から、ムスーっとしていると言われる。もしオレが普通の勤め人だったら、おそらく「ずいぶんおとなしい方ですねー」なんて言葉が、赤ちょうちんのカウンターの向こうから聞こえてきそうだ。言い方を換えれば、「とてもシャイな人」なんて表現もありだと思うけど。

それだけ人見知りする性格だから、あまりよく知らない人に、自分から積極的に話しかけたりはしない。だから、相手からすれば、かなりコミュニケーションがとりづらいに違いない。悪循環で、こっちからほとんど話しかけないものだから、相手のこともよくわからないという状態になる。

しかし、そんな性格にもかかわらず、オレは一瞬にして、相手が自分と肌が合うか合わないかを嗅《か》ぎ分ける、イヌもびっくりしてしまうほどの「イヌ鼻嗅覚《きゅうかく》」を持ち合わせていると自負している。

イヌは、人間の何千倍も嗅覚が鋭いらしい。加えて耳もいい。猟をするとき、猟師はイヌ笛を使うけれど、あれはかなりの高周波で、イヌだけに聞こえる高音域の音を出す。そんなイヌにも似た鋭敏な感覚を頼りに、いままで仕事と私生活を何とかこなしてきた。

ひと目見ただけで、ひと言挨拶《あいさつ》を交わしただけで、ピーンと感じるんだよね。「こいつダメ、こいつOK！」って具合に。通常よく言われる第一印象というやつ、インスピレーション。オレにとっては、「人は見た目と雰囲気」というのが原則で、その本人のすべてが、着ている物や髪形、顔つきにも表れると思っている。その人がまとっている空気というか雰囲気というか……。

ある程度の年齢になっていたら、身につけている物や雰囲気は、その人の歴史でありアイデンティティだし、顔つきは性格の一部というのは当たり前のことで、「人は見た目じゃない」なんて言うのは、オレには納得出来ない話だね。

オレのイヌ鼻直感は、「見た目と雰囲気」から、さらに一歩進んだもので、言葉遣い、身のこなし、態度、顔つき、といったものを総合した、敏感な皮膚感覚と言える。説明するのが難しいけれど、墓の前に行ったら「ゾクっ」とすることってあるよね。直感というより霊感に近い感じかな。

要するに、見た瞬間、口を利いたその瞬間で、この人はつき合う人、つき合わない人という具合に判断してしまう。だから当然のように、ダメな人はこちらも線を引いて受け入れないし、近づかない。不思議と、相手もそれを察知して近寄らない。だから、オレのまわりにはストレスになるような人間はあまりいなくなって、人間関係もけっこう円満だ。

「イヌ鼻」をきたえよう

人を見抜く直感って、これから新たにビジネスを始めようとする人や、社内で新しい人間関係を作らなければならない人たちにとって、大切なことだと思うな。たとえ絶対に親しくしなければならない場合でも、ギリギリの線引きは必要だ。

第一印象で「何か肌が合わないなぁ」と感じても、無理やり相手を信用して、そのままプロジェクトを組んでしまったり、契約したりすると、必ず後で問題が起こる。なぜなら、ソリが合わない、ウマが合わないってことは、結局お互いの価値観や判断基準そのものが違うからだ。最終的に金銭のトラブルにも発展しかねない。

逆に、肌が合う人間と仕事をするということは、仮に問題が起こった場合でも、単なる結果だけで判断するのではなく、そこに至る過程において、阿吽《あうん》の合意がお互い取れている。だから、「ま、しょうがないな」という言葉は出ても、ケンカにはなりづらい。お互いに納得ずくでやっているんだから。

「生理的に相性が合う」ということは、男女の仲のことと考えがちだが、ビジネス関係にも当然当てはまる。これまで、好きでもない相手と、仕事のためと思って、散々ストレスの溜《た》まることをやってきたなら、思いきってこれからは気の合う者同士、過程を楽しみながら結果を出すっていうやり方に切り替えるのもいいんじゃないの。

コントを作り上げる時でも、ぎくしゃくした関係やプロセスで大受けしたギャグが生まれた、なんてことはなかったな。古今東西、いつの時代も、自分が楽しいと思わない仕事からよい結果は生まれない。

結局、楽しい気持ちから探究心や研究心は生まれるわけで、「いやいや」「なあなあ」で、人を感動させる仕事なんて出来っこない。

好きなら頑張れるし、たとえ失敗しても、自分の嗅覚を信じることだ。他人の嗅覚に左右されて勝ってもうれしくないし、負けたらなおのこと頭に来る。それに、全戦全勝なんて考えるから体によくないんで、二、三勝でＯＫくらいの気持ちでいれば十分じゃないの。

余談だけど、自分の「イヌ鼻」を試すには、まずお鮨《すし》屋さんやおそば屋さんで、のれんのデザインや入り口の雰囲気から、自分との相性を読み取ってみればいい。「いい感じ」とピーンときた店には、ほぼ間違いなく、年季の入ったオヤジさんが、それなりのキチンとした仕事をして、それなりの料理を出しているはずだから。

あまりいい店に当たらないようだったら、もっともっと経験を積んで、勘とセンスを磨くべし！

考える前に、まずマネしてみる

限りある人生、楽しく、お金の苦労であくせくせずに生きていきたい。オレに限らず、だれしもそう思うよね。でも、お金がなきゃ生活出来ないから、当然働かなくちゃいけない。

毎日充実して働ければいいけど、仕事に自信が持てなくなったり、八方塞《ふさ》がりでやる気が出なかったりで、なかなか仕事に身が入らないとなると、人生を楽しむどころじゃなくなってしまう。

とりわけ、ウルトラマンの胸のカラータイマーじゃないけれど、残り時間が少なくなってピコピコ光っている状況の人たちなら、この先どうすればいいか、だれでもすぐに実行出来て、速効性のあるやり方が必要になる。

そこで、頭のなかだけで物事を進めないで、「考える前に、まずマネしてみる」。この発想でやってみたらどうだろう。そのためには、理屈よりもまず先に行動に出ることが大切になる。

というのも、とかく自分で頭がいいと自負しているエリートサラリーマン、特に有名私立大や国立大学出身の人なんかに多いんだけど、このテの人は物事を皮膚感覚でとらえられない。いわゆる理詰めタイプが多い。

「そーです。わたしが変なおじさんです」な〜んて、全然関係ないことを突如始めるなんていう思考回路は、たぶんまったく持ち合わせていない。組み立て方法から調べて、次に系統立てて筋道をつけるという具合に、まず頭で考えてしまう。

それに加えて、意外と現場の実践経験が少ないことが多い。オレたちの世界で言えば、バイト経験も会社勤めもなく、いきなりこのギョーカイに入った若手の放送作家なんかもそう。たとえば、コントを書くにあたっても、生身の「流れ」を肌をつかんでいないのに、想像だけで書くから、タイミングや間《ま》という、微妙だけどいちばん大切なポイントが欠落してしまう。

上司に怒られて謝るときの絶妙の間《ま》とか、好きな人に思いきって告白するときの息が詰まるようなタイミングとか……。「体でおぼえる」ところから入っていないから、仕方ないいんだろうけどね。だから、頭のなかで考える前に、まずやってみる。ぶつかってみる。理屈抜きで、とにかく手をつけてみることだ。

マネがマネーを生む

頭で考えずに行動第一が身についたら、今度はマネるという行動に出てみる。

身近で言えば、職場のなかにデキる同僚や上司が必ずいるよね。そのデキる人たちの行動パターンをとりあえずマネしてみる。職場以外でも、成功している友人のやっていることを、そのままマネしてみる。

アマチュアバンドだって、最初は自分たちの好きな歌手やグループの曲のコピーから始めるわけで、端《はな》っからオリジナルを作って勝負している奴なんていないんだよ。マネが基本。マネを上手に出来ない人が、それを超えた独自のテイストを作り上げるなんて、かなり不可能に近い。

オレだって、中学時代にビートルズのファンになって、マネしようと一生懸命ギターの練習をやったけど、結局あんまりうまく弾けなかった。だから、ミュージシャンはやってない。そういうことなんだよ。マネして出来なきゃ、それは才能がない証拠。

悲しいけど、自分自身にケジメをつけることも大切だ。才能がないことはお金に結びつかないから、早いとこその道は諦《あきら》める。これが正解。

マネの効用の第一は、自分の適性をふるいにかけることが出来るということだ。お笑いに関して言えば、高校一年生の時、初めて見た米国の大物喜劇俳優ジェリー・ルイスの映画にすごく影響を受けた。彼の表情や細かい動きをまずマネして、自分がどれだけうまくやれるか、ずいぶんと研究したな。

けっこううまくマネ出来たものだから、自信を持っちゃって、結局、その方面の世界に足を踏み入れることになった。上手にマネが出来るということは、自信につながるんだよね。自信は強い意志を生み、強い意志に支えられて、いい仕事が出来る。

マネを徹底すると、オリジナルが見えてくる

話は飛ぶけど、大リーグに行ったイチローや新庄が、他の大リーガーと同じように、ベンチに座りながらヒマワリの種を食べて、カラをペッペッと吐いていた。ビタミンBが豊富だという理由だけなら、別にヒマワリの種じゃなくたって、ビタミン剤を飲

んでいればいい。そうじゃないんだよね。「郷に入っては郷に従え」じゃないけれど、まずスタイルをマネしているんだ。スタイルをマネするところから、大リーグという未知の世界に入っていったわけだ。

要は、自分が「これだ」と思ったことをマネしてやってみる。猿マネから始めたらいい。でも、ここから先が勝負。猿マネがとりあえず完成したら、自分の考えを肉付けしてオリジナルを完成させていく。

オリジナルなものがなければ自分を高く売れない。徹底的にマネてマネて、それでもマネし切れないところに、たぶん自分だけの「オリジナルなもの」が、おぼろげながら見えてくる。それが、マネの第二の効用だ。

ものまね芸人がいい例だろ。単純なものまねだけでも仕事にはなるけど、それ以上のレベルには達しない。すごく似ていることは似ているけど、ただそれだけのこと。コロッケがすごいのは、ものまねにものまね以上のオリジナリティを加えることによって、彼独自の世界を作っているところなんだ。

どこにもない、独自性の高い自分の世界ってものが出来上がれば、道は自《おの》ずと開ける。オレは、そう信じている。

偉大なるマンネリはスタンダードになる

音楽は好きなほうなので、家でもいろんなジャンルをまんべんなく聴いている。その日の気分によって聴く音楽は違うけど、最近は宗次郎をよく聴いている。

ある時、和田アキ子さんが「へ～、ケンちゃんってR&B好きなの？　似合わないね～」って言うんだ。「うるせー、大きなお世話だよ」と思ったけど、「最近、そんな話する奴いないからさ、一緒に飲んで話しようよ」って、誘われたりする。

オレは、飲みながら、そのテの話をするのは好きじゃないんだよな。歌手の名前やタイトル、レーベルなんてどうでもいいし、そういったものには基本的に興味がない。おぼえようって気もハナからないから、絶対にオレは評論家にはなれないな。ただ好きだから聴いているだけのこと。

そんなオレでも、山下達郎さんの『クリスマス・イブ』は特別印象深い。毎年十二月のクリスマス近くになると、日本中のテレビやラジオ、デパートやレストランそして街角から、この曲のメロディが流れてくる。

これを聴くと、すぐさま白い雪におおわれたクリスマスツリー、極彩色に輝くイルミネーション、恋人たちの語らい……、なんていうのを柄にもなく想像してしまう。おそらくだれもが、そうに違いない。この曲は、もはや日本のクリスマスソングのスタンダード・ナンバーになったと言ってもいいんじゃないかな。

話はちょっと横道にそれるけど、以前、達郎さんにお会いしたとき、「夫婦ともども、志村さんのお笑いが好きで、何本もビデオ持っているんですよ」と言ってくれた。奥さんの竹内まりやさんも、オレのファンらしい。うれしかったね。不思議なもので、以前から達郎さんの一本筋の通った音楽家活動を尊敬していたけど、職人タイプ同士、何か気脈が通じるみたいだ。

スタンダードは直球だ

スマッシュ・ヒットという一発モノがある。最近の歌は、ほとんどがこれだ。数ある一発モノのうち、果たして何曲が、この先スタンダード・ナンバーとして歌い継がれていくだろうかと考えると、かなり難しいと思うな。

なぜなら、スタンダード・ナンバーになるためには、それなりの条件があるからだ。

第一に、曲（メロディ、歌詞）のわかりやすさ（だれもが口ずさめるようなもの）。

第二に、大人から子供まで、年齢に関係なく、親しみやすい題材。

第三に、曲中に忘れられないフレーズがある（シンプルながら強烈なインパクト）。

第四に、バランスのある完成度。

この四つが、スタンダード・ナンバーになり得るための欠かせない要素だと思う。ある意味、恐ろしいほどの直球だ。小手先のワザに走っていない、まさに王道と言えるものだろう。

最近の歌は難しい。ハッキリ言って、浜崎あゆみやグレイの曲を、オレみたいな五十過ぎのオジサンに歌えと言っても、かなり難しいものがある。ついていけない。子供がCD持っているからおぼえたという少々無理しているオジサンにしても、曲の歌詞を見たら実生活と思いっきりかけ離れていて、本当の意味で楽しめない。十代や二十代と違って、胸に迫ってくることなんてないんじゃないかな。

三十年から四十年先に、もしカラオケが残っていれば、浜崎あゆみの曲を「当時、こんなのが流行《はや》ったんだよ」ということで、だれかが歌うかもしれない。いや、歌うだろう。だけど、その時もやはり達郎さんの『クリスマス・イブ』は、カラオケの選曲集に載っているに違いないし、いまと同じように十二月になれば街角で流れているはずだ。

このマンネリはすごい。マンネリって普段あまりいい意味で使われないけど、マンネリもある域に達したら立派なものだ。飽きられないマンネリ、日々新たなマンネリというものがあるんだ。オレは偉大なるマンネリ＝スタンダード・ナンバーだと考える。スタンダードとは、流行に左右されない確固たる標準という意味だ。

『バカ殿様』や『変なおじさん』だって、そのひとつじゃないだろうか。だれもがわかりやすいビジュアル。大人から子供まで知っている殿様というテーマ、忘れられないギャグ。そして「そろそろ出るな」「いつものアレ、お願い」的な一貫性のあるスタンダード化された笑い。これを毎年、毎年、作り続けられれば、それは最高の仕事だと思う。

「イチローの打率を上回っています」

サラリーマンの身近なことで言えば、焼き魚定食だって当てはまる。サンマなのか、サバなのか、アジなのか、魚の違いこそあれ、だれもが御飯に味噌汁《みそしる》、おしんこ、そして焼いた魚を思い浮かべることが出来る。これだって立派なマンネリ。だから、だれもが安心して頼めるんだ。「定食」も期待を裏切らないスタンダード・ナンバーなんだよな。

スタンダードとは、言い換えれば自分の「パターン」、スポーツで言うなら「フォーム」を持つということだ。

この考え方は仕事にも大いに役立つはずだ。社内でも取引先でも、「偉大なるマンネリ人間」を目指し、スタンダード・ナンバーたる人材として認められれば、安心して仕事を任せられる人間として、大きな信頼を勝ち取ることが出来ると思うけどね。

そのためには、先ほどの「スタンダード・ナンバーの条件」を、自分自身に当てはめてみればいい。

第一に、わかりやすいビジュアルを作る。

たとえば「佐藤さんて、ネクタイはいつも赤だね」「鈴木さんは、いまどきめずらしい黒のセルフレームのメガネですね」で、社内や取引先に自分のイメージ像を持ってもらえればいい。

第二に、親しみやすい何かを持つ。

なるたけ男女や年齢に関係なく、だれもが微笑《ほほえ》ましく思えるもの。「本田さんの挨《あい》拶《さつ》はいつも明るくて、さわやかだね」だっていいし、「山本さんて、いつもカラオケじゃ『星影のワルツ』なんだ」という具合に。

第三に、自分をシンプルかつ強烈に印象づけられるようにする。

たとえば自己紹介で「総務です」とか「営業開発です」だけでなく、そこで何を担当しているかなど、具体的に自分をアピールする。「販売企画部でゴルフボールを開発している片山です」とか「eビジネス担当で当社のホームページを制作している奥田です」とか。「販売部の新米ですが、草野球での成績はイチローの打率を上回っています」くらいのユーモアがあればなおさらいい。

そういう意味では、「六本木のクラブAの女の子のケータイ番号、ぜんぶ知っている斎藤さん」なんていうスペシャリストも、アリかもしれないよな。

第四のポイントは、いままで述べてきた「わかりやすさ」「親しみやすさ」「インパクト」の三つのバランスを保つということ。

この四つを守っていけば、ただのマンネリ君からスタンダード・ジェントルマンに変身出来ると思うけどな。

おごり方のルール、おごられ方のマナー

普段仕事をしていると、どうしても打ち合わせと称して飲む機会が多くなる。最初のうちは「軽くね」と相手に打診しながら、同時に自分にも飲み過ぎないように言い聞かせている。しかし、いざ酒が入ってくると、しだいに自制心が利かなくなって、どんどん杯が進んでしまう。

二日酔いの日に打ち合わせが入ってしまっている時は、「今日は飲みたくね～な、絶対。最初のビールだけにしとこう」と独りごとを言いつつ、待ち合わせの場所へと出かける。すると、やっぱりお決まりのコースにはまり込んでしまう。一軒で帰らず、二軒、三軒と、ついついハシゴするから、帰宅時間はかなり遅くなる。それでも最近は、体がもたないから、夜の巡回業務も少なくなったほうだ。

オレの場合、飲んだ時の支払いは、ほとんど現金だ。サイフのなかには、いつもだいたい五、六十万円入っている。十万円を切ると不安でしょうがないから飲みには行

かないし、人にも会わないと決めている。

昔から「なければ飲まない、食わない」には慣れている。というより、掟《おきて》みたいに身に染み付いている。ま、行きつけの店はサインか、請求書を送ってもらうことにしているけどね。何軒も飲み歩いていると、ポケットのなかの領収書もグチャグチャになって、最後はわからなくなることが多いから。

その飲み代だけど、基本的にオレは人に借りを作るのが嫌いだから、自分で払うことが多い。相手の行きつけの店などは、その人の顔もあるし、オレが無理やり払うのも失礼だと思うから、たまにはご馳走《ちそう》になるけれど、次の機会には必ず払うようにしている。それがスポンサーからの接待であっても、金額の大小にかかわらず、次回は必ず払うことにしている。

「おごる、おごられる」というお金の使い方は、まさにその人そのものだと思う。一般的には、誘ったほうが払う、というのが常識だ。

「志村さん、うまい店があるから、今度行きますか」と誘われ、いざ払う段になったらトボケている奴もいる。でも「誘ったくせに、何で払わないの」と、オレは言わないし、思わない。「おまえって、そういう奴か」と思うだけで、腹も立たない。ゴルフは食事より金額が張るけど、もしオレが誘ったなら、すべて払うことにしている。それは、誘うこと＝相手の時間を拘束していること、だからだ。誘っていなければ、相手は他の仕事が出来たかもしれないし、好きなことがやれたかもしれない。それを、自分の都合でつき合わせるということを考えると、最低限のルールじゃないのかな。

払いの段になって、トイレに行くなってば

オレの経験上、支払いの時の行動パターンとしてよくあるのが、次の六つ。

一、バッグや身のまわりのものを捜すフリして、時間を稼ぐ。
二、「ごめん、銀行に行き忘れた」と言う。
三、使えないカードを出して「おかしいな」とトボケ、「いま、現金がない」と言う。
四、トイレに行ってごまかす。
五、店を先に出てしまう。
六、当然の顔して払ってもらう。

一から三は、払わなければいけないとは知っていても、ごまかすタイプ。多少の罪悪感はあるけど、その場を過ぎれば、おごってもらったことなど忘れてしまう。

四と五は、先に出ることで「あんたが払ってね」と、無言のアピール。半分以上、おごってもらって当然という意識がある。

最後の六番目は文字どおり罪悪感なしの当然派だ。どれが最もムカツクかは別として、一回は通じるけれど、二回は効かないね。ぜんぶ見えてしまうから。

だれだって、いつもフトコロが暖かいわけじゃないけれど、持ち合わせがなければ、正直に言えばいい。相手が「いいよ、オレ持ってるから」と言ってくれればいいし、どうしても言い出せなければ、行かないことだ。事前に「ワタシ無責任ですよ～、それでもいいですか?」と相手に確認すればいいものを、やってしまった後に、無責任を決め込むのはよくないんじゃないの。それより何より、持っていないくせに、やたらと行きたがる奴。そんな相手は「かわいそうにな」と、気にしないことだ。

見返りは求めない

　もしおごってもらったら、「ごちそうさまでした」だけは心から言おう。礼儀だし、常識だもの。当たり前の顔だけはよくない。人間関係において、この言葉は最低限度のコミュニケーションだと思う。それさえ聞けば、おごったお金はどうでもいいし、おごったほうも払って満足だ。

　でも、こちらがおごって、仮にひと言もなくても、これに腹を立てたらダメ。いつも人におごってもらって、飲み食いして、本当にうまいんだろうか、と思えばいい。オレなんか、自分の好きな酒や食べ物を気兼ねして頼めないほうが、金払うよりよっぽどつらい。そんな惨めな気持ちでいるぐらいなら、おごってもらわないほうがいいし、行かないな。だから、いつもオレが払うハメになるんだけどね。十回払って一回戻ってくれれば、いいほうじゃないの。

　年齢や収入にかかわらず、誘ったほうが払うのは基本だけど、オレは自分の過去の経験から、どうしても年上が払うというのが染み付いている。収入の少ない若手と一緒に食事をすれば、やはり、そこは年長者が気持ちよく払う。それについては見返りなんか当然求めないしね。この先、その若手の連中が年取って、また同じように若手にしてあげればいい。そう思っている。

そのうちオレにも、だれかおごってくれるだろうと、かすかに期待していたら、知らないうちにオレより年上がいなくなっちゃった。きっと、この先もず～っと払わされるんだろうなぁ。

もっと人をホメろ！

人間だれしも、ホメられてうれしくない者はいない。どんな人でも、どこかしらよいところがあったり、感心することをやったりする。そんなときは、素直にホメてあげるのがいちばんだよ。

まず外見から始まって、心や性格、仕事の内容や質といったところにも、ホメることは限りなくある。

ホメるということは、相手の長所や成果をちゃんと評価し、認めて、それを相手にきちんと伝えることだ。相手をうれしがらせることだけが目的で、心にもないことを言うおべっかやお世辞とは根本的に違うと思うよ。

ホメ言葉は重要なコミュニケーションだ、とオレは思っている。サラリーマンなら、上司からのホメ言葉、同僚からのホメ言葉、仕事先からのホメ言葉、家族からのホメ言葉、どんな形のものであれ、それは仕事向上へのよい肥料となって、本人の励みとなる。

表現は悪いけど「豚もおだてりゃ木に登る」これが大事。本来、木に登れない豚が木に登ってしまうことからもわかるように、ホメられることによるその効力はすごい。それくらいホメ言葉には人の潜在的なパワーを引き出す力があるものだ。

そうそう、「優秀な上司というものは、部下にやる気を起こさせることに長《た》けている」というようなことを聞いたことがある。人の欠点やミスを探し出すよりも、いいところを見つけてやること、けなすことよりも、ホメることのほうが断然大切なんだよなぁ。

ある時、こんなことがあった。収録後の反省会を兼ねた「どうもお疲れさん」の飲み会で、「今日のあのコント、ほんと大笑いしたな」って、だれもオレに言ってくれない。しょうがないから、どうして何も言ってくれないんだと聞くと、「だって志村さんなら、そのくらい当たり前だから」って答えが返ってきた。

正直言って、「いくらオレだって、いつもいつも、あのレベルのコント要求されたらつらいぜ」って、カチンときた。だから、ディレクターに「もっとオレをホメろ」って言ったんだ。偉そうなつもりでじゃないよ、これは。

ホメることによるブーメラン効果

人間って、いくつになっても、いつもホメられていないとダメな生き物だとマジで思う。ホメられていると自信がつく。それで、「次はこうやって、もっと笑いをとろう」って、レベルアップを考えるものなんだ。読者のあなただって、きっとそうだろう？

会社でも、「おまえの、あの見積もりよく出来てたよ」でもいいし、「会議でのあの意見、的を射ててよかったよ」とか、日常のほんの些細《ささい》なことでもいいから、「オレはおまえのこと、認めているんだよ」って、相手のよかったところをホメてあげることが、とっても大切なんだと思う。

たとえはきついけど、リストラされて失業した父親が、娘さんから「お父さんはこれまでずいぶん頑張ってきたじゃない。だから気長に、次のことを考えればいいんじゃない」なんて声をかけられたら、涙モノだもんね。そのひと言で救われるじゃない。明日への活力だって生まれてくる。

しかし、なかには、ちょっとホメると勘違いして、妙な自信を持ったり、天狗《てんぐ》になったり、威張り出す奴もいる。そんな奴は最終的に、だれからも認めてもらえないゴーマンな人間だろうから放っておけばいい。

それと、なぜか人のことを絶対にホメない奴っていうのもいるよね。これって中途半端なレベルの連中に多い。変な自信やプライドが邪魔して、歪《ゆが》んだ対抗意識を持っているからだろう。

人をホメることが出来るのは、自分自身にゆとりがある証拠だと思うよ。逆に、人をホメることで素直な気持ちになれたりする。人をホメられる素直な気持ちを持ち続けることが出来れば、いつの日にか、ブーメランみたいに、自分への評価という形でいい結果が自分のところに返ってくる。

オレは、そう信じている。

人生は油断大敵

ちょっとしたことが、後になって大問題に発展することがよくある。その時にキチンと処理しておけばいいものを、ついうっかりの気の緩《ゆる》みや、ほったらかしにしておいたばっかりに、後で死活問題になったりする。小さいキズだと思ってナメていると、破傷風になって死んでしまう。芸能人の世界は、まさにこれ。それくらい、オレは用心している。

かく言うオレも、ずいぶん前、ドリフターズに入って四、五年目ぐらいだったろうか、競馬のノミ行為で捕まってしまったことがある。あれは、ほんといいクスリになった。

当時はオレ自身に、世間で人気があるという自覚があまりなかったし、注目されているなんていう意識もなかった。それに二十四時間ドリフのなかにしかいない多忙な生活だったから、世間から隔絶された状態で、少々感覚が麻痺《まひ》していたのかもしれない。

ある日、軽い気持ちでノミ屋に馬券を頼んだのが、大きな間違いになってしまった。警察に捕まって、翌日には新聞の一面にデカデカと載った。賭《か》けた金額は三千数百円なんだけど、あれには本当にビックリした。「え〜、ウソー。こんなに大きく書かれちゃって」というコトの重大さ。それに、自分が常に世の中から見られているんだということを知って、二度ビックリ。何気ない行動が、へたすると一生を左右することにもなりかねない。そのことを、さすがにこの時は思い知ったな。

命と金は人に預けるな、って

以来、何をするにも一応先のことを考えてから、行動するようにしている。芸と同じで、失敗してからじゃ遅いから、オレたちの場合は。

悪いことは重なるもので、その時は他にもいろいろとプライベートで問題が起こっていた。なかでもトラブっていたのは、つき合っていた彼女に浮気がバレて、別れ話が持ち上がっていたこと。それだけなら別段うろたえもしないけど、実はその彼女に金をすべて預けていたわけ。預金通帳から何もかも一切合財《いっさいがっさい》。

それで、弁護士に相談に行ったら、「普通だったら四、五十万円ぐらいの話だろうけれど、五百万も現金持って行けば大丈夫だろう」という話になって、さっそく彼女のところへ足を運んだ。件《くだん》の別れ話の後、自信たっぷりに例の現金を差し出したら、思いっきり投げつけられたね。「三年以上同棲《どうせい》していると内縁関係になるんだからね。こんなハシタ金ぐらいで、何考えてんのよ！」って、返り討ちのカウンターパンチを喰《く》らってしまった。

あわてて取って返して、弁護士に「先生、そんなこと言ってますけど、ホントですか？」って聞いたら、あっさりひと言「うん、本当だ」。そして「相手もよく知ってたなぁ。調べたな」だって。それで結局、オレのそれまで血と汗で築いた財産の半分を、ごっそり持って行かれてしまったっていう苦い経験がある。

普通、金を投げつけた時点で、「お金なんて何よ。私をバカにしないでよ！」と来ると思うだろ。でも、人生はドラマみたいにはいかないね～。女はしっかりしてるよ、まったく。男より現実的だ。ここでも学んだよなぁ、「命と金は人に預けるな」って。

女とは三年以上一緒に住まない⁉

日ごろ、たわいもないと思っていることが、実は問題の鍵を握っていることが多い。軽い気持ちの行動や習慣が大問題に発展して、それがいかに軽率な行動だったか、それがわかってからでは遅すぎる。だから「転ばぬ先の杖《つえ》」じゃないけれど、ちょっとヤバイかなって気づいたら、早め早めに手を打っておいたほうが賢明だ。

そのためには、どうすればいいかというと、出来るだけ遊んで、経験して、後で命取りにならない程度の小さな傷をたくさん作って学習してみる。そして、学ぶと同時に、傷に慣れて免疫力をつけていくことが大切だと思うよ。

オレも、その後、数々の投資の果てに、けっこう傷を負いながら勉強したけれど、あの時の「ごっそり」は、さすがにこたえたね。すごろくで言えば「振り出しに戻る」で、もう一回最初からぜんぶやり直しだから、イヤになっちゃうよなぁ。

あの一件以来、「女とは三年以上一緒に住まない」という教訓は、オレの心のなかでのお約束事になっている。

愛してやまない「三種の神器」

手相に金運線というのがある。この金運線は女性関係も意味するらしい。「何で？」って聞いたら、「女性関係もお金がかかるという点では同じことです」と言われ、身におぼえがあるだけに「ごもっとも」とうなずいてしまった。

仕事以外で、オレの大好きなもの、愛してやまない「三種の神器」と言えば、酒とタバコと女だ。マジで計算してみたことなんてないけど、相当のお金がこれらに消費されてきたことは間違いない。だけど、仕事で一生懸命働いて、好きなものにお金を使うということは、実に素敵なことだと、オレは考えている。

世の中のだれもが、そう思っているに違いないけど、みんながみんな好き勝手にお金を使えるわけじゃない。オレと同じ世代のサラリーマンだったら、子供の教育費や住宅ローンの残りで四苦八苦しているんだろうし……。自分のために使いたくても使えない人たちのことを思うと、独身のオレとしては、ちょっぴり気の毒になってしまう。

「三種の神器」のなかでも、いちばん好きなのが酒だ。最初に酒を飲んだのは高校生のころ。当時は、ただ酔ってハイになれればよかった。その後の修業時代は、毎日がつらいから飲んでいた。それが寂しいから酒を飲むようになったのは、三十を過ぎてから。酒そのものをうまいと思ったのも、やはり三十を過ぎてからだ。人間、三十を過ぎるあたりから、味わい深さがわかり始めるのかもしれない。そして、だんだんと嗜《たしな》むという境地になるんだろうね。

昔は、ワインやバーボンもよく飲んだけれど、近ごろは焼酎が多い。一晩に飲む量はかなりで、それもほとんど毎晩飲んでいる。だから、体のためを考えて焼酎にしている。基本的に何でも飲むが、最近はどこに行っても決まった銘柄だ。クセのある紅乙女の『胡麻祥酎』。なかでもクリスタルという濃厚な四十度のものが、ここのところ気に入っていて、行きつけの店ではほとんどこればかり。ない場合は、取り寄せて置いてもらっている。

酒も店も人間関係も、馴染《なじ》みのものをずーっと長くという傾向は、年を取るにつれて強くなってる気がする。いつもの定番のほうが、妙に落ち着くし、安心する。

寂しがり屋に必要なもの

ハードな仕事が終わって、緊張感から解放される一日の終わり。

そんな時、「可愛い娘が、そばにいたらいいな」と考えるのは、独身のオレにとってはごくごく自然なこと。

若い娘が好きなのは、いまも相変わらずで、どこがいいのって聞かれれば、「若さの輝き」と素直に答えてしまう。キラキラと輝いている目を見ていると、オレの波長がその娘の波長と同調して、不思議と活力がわいてくる。二十歳のころの自分の「若さ」に戻れそうな気がする。

なーんて言うと、やっぱりキザかな。それに、ちょっとしたことでも、すぐに感動するところが、またいい。だから「ワァー、この庭の花、きれい！」なんて感動しやすい女がいいな。オレも、そういう感性でいつもいたいしね。

でも、笑顔がイケてない娘はダメ。酒が飲めない女はもっとノーサンキュー。大切な憩《いこ》いのひとときを一緒に過ごす彼女が飲めないと、ペースが合わないからギクシャクして間《ま》がもたない。特に会席料理は最悪だ。仕事のクセが出て、相手とのペース配分や、その場の雰囲気や構成をつい考えてしまうから、気ばかり使って、なごめないんだよね。

適当に会話が弾《はず》んで、ある程度酒も一緒に飲んでくれて、なごめる食事を一緒にしてくれる。そんな気のおけない女性が、寂しがり屋のオレにとって絶対に必要だ。しかし勝手なもので、あまりうるさく、でしゃばってくると、今度は独りの世界に逃げ込んでしまいたくなる。ましてや酔っ払って、からむ女なんて問題外。女とのもめ事はもうこりごりだからね。

タバコは毎日、三箱近く吸っている。カールトンのメンソール一ミリってやつ。酒が入るとますます本数が増えてしまう。酒とタバコの組み合わせは最悪のパターンとは知りつつも、無理に禁煙しようものなら、そっちのストレスのほうが体にもっと悪い。そう都合よく解釈しているからやめる気もない。

かなりのチェーンスモーカーだから、あっという間に灰皿が吸殻でいっぱいになってしまう。よく灰皿が汚くても平気な奴がいるけど、オレの場合、いつもきれいな灰皿に灰を落としたい性分だから、店ではこまめに取り替えてもらう。変なところが几《き》帳面《ちょうめん》なのは、教員の家庭育ちのせいかな。

酒と女の組み合わせは天下無敵

考えてみると、最大支出である仕事関係に使っているものを除けば、好きなものにかける支出は、やはり圧倒的に女性関係の占める割合が大きい。着るものだって、車だって、基本的にこだわらないから、かなりこの方面に流れているのは間違いない。

タバコは驚くような値段じゃないし、酒だって店で飲むだけなら、「まー、こんなもんか」で済む。しかし、酒と女という二大要素がくっついたときは要注意だ。核分裂じゃないけれど、何倍ものパワーになってサイフを直撃するからたまったもんじゃない。クラブなんてその典型だ。とは言うものの、女の子がよけりゃいいじゃないのっていうところも正直ある。

普通のOLの娘とデートするにしたって、うらぶれた焼鳥屋で仕事仲間と飲んでいるようにはいかないから、ちょっとはいいところに連れていくし、飲食代以外にも諸経費があれこれかかってしまう……。

「じゃ、やめればいいじゃないい」と言われても、これだけは生きている限りやめられない。美味《おい》しい赤ワインにフォアグラのソテー、この組み合わせのうまさには抵抗出来ないのと同じで、酒と女の組み合わせは天下無敵だ。

オレとしては、一生懸命働いたお金で好きなことをしなければ、生きている意味はないし、また好きなことがあるから一生懸命働ける。サラリーマンの皆さんも、家族のためもいいけれど、たまには自分のエゴも大切に、だね。

パチンコで学ぶ見切りの術

パチンコって、オレもたまにするけど、けっこう学ぶべきことがあったりするんだ。まず、どの店にするかっていうことがあるけど、そこから話すと長くなるから、その先の台選びからいこうか。どの台を選ぶかで、その日の勢いが違ってくる。五百円打っただけで、すぐに大当たりになる場合もあるし、同じ台で一万円ちかく使って、ず～っと粘っても、いっこうに出ないこともある。逆に、いろんな台を試し打ちみたいに変えていってもサッパリ、なんてことも大ありだ。

これって、人生や仕事の縮図みたいじゃない？　何にも考えずに、すぐに座った台で大当たり。次から次へと確率変動でドル箱山積み。こんな人生もあるよね。そりゃ、途中で少しは玉が飲み込まれることはあっても、結果、最後はしっかり稼いでバンバンザイ。これなんか、たとえて言えば、卒業後、何となく入った会社で能力発揮。最後には、社長までトントン拍子にいっちゃったみたいな……。これは、ちょっと言い過ぎか。

ところが、「これはいけそうだ」と読んだ台で、ドッボにはまって、アリ地獄みたいになってしまうことだってよくある。最初は、軽くいこうと思って、「今日はカード一枚、三千円」と決めてやってはみたものの、けっこういいリーチが続くもんだから、さらに三千円を投入。「もうそろそろ、来るだろう」と予想して、さらに三千円追加。この時点で九千円の資本投入だ。

このくらいまで来ると、「九千円使ったからなぁ」という思いが、もう頭から離れない。「もし、他の台に移って、この台に次に座った奴が出たら、どうしよう。案外すぐ出ちゃったりして」なんていう妄想が、頭のなかを駆けめぐり、さらに三千円。もう抜け出せない。「もったいない。ここまで金使ったんだから」という意識がますます働いて、どんどん深みにはまっていく……。

この場合、「次は出るだろう」という思惑と、「ここまで金使ったんだから、もったいない」という未練が、より一層キズを深めることになる。

冷静に考えてみれば、「次は出るだろう」にあまり根拠はなく、単なる希望的観測にすぎなかったりする。本当に出る台なら、とっくに出ていてもおかしくはないはず。

それに、一万円注ぎ込んだら、一万円分の玉を出したとしてもようやくチャラだ。これって時間の無駄遣いだよな。楽しめたっていう考え方もなくはないけど、ほとんどの人は儲《もう》けるためにパチンコに行くんだから、気休めにもなりゃしない。

当たり前だけど、投資した金額以上に玉を出さないと儲《もう》からないワケよ。二万も、三万も注ぎ込んでしまったら、儲けるなんてことよりも、注ぎ込んだ金を取り返すためのパチンコになってしまう。取り返すまでの時間と労力を考えたら、完全にネガティブな状態に入り込んじゃっているよな。

パチンコは人生ドラマの縮図

これって、損したら早めに見切る「見切りの覚悟」がつかないからなんだ。

もしこれが、パチンコじゃなくて、仕事や生活だったら、これまでに投資したお金やつぶした時間のことはスパっと諦《あきら》めて、別のやり方や方向へと頭を切り替える。この「見切り」が、本当に肝心だ。

「そう簡単には……」っていう気持ち、わからないわけじゃないけど、いつまでも失ったお金や時間にとらわれていたら、何も始まらない。「頭ではわかっていても、なかなか出来ないんだよなぁ」っていう人は、オレも含めて多いだろうけど、「たままま運がなかったんだよ」と、自分自身をさとして見切る術も、人生には必要なんだよな。

そういえば、台をバンバン変えて打つ人って、案外多いよね。ま、あれも作戦としてはわかるけど、どうも職を転々とするみたいな印象が、オレにはある。誤解しないでくれ、転職が悪いっていうんじゃない。自分なりに冷静に判断して、台（仕事）を見極めたうえでなら、全然ＯＫだと思うよ。でも、思いどおりにならないから、結果が出ないからって、台（仕事）だけのせいにしてしまうっていうのが、何か気にくわないんだよな。

オレの経験から言って、それじゃ、いい結果はなかなか生まれない。台（仕事）を選ぶ目が自分に備わっているかどうか、それがないとしたら、当てずっぽうでやっても、お金と時間の無駄ばかりだ。ここはしっかり自分自身を分析し、見極める目を養うことも必要になる。

それに、パチンコに来ている人たちのサイフの中身だって、まちまちだ。全員、最初から同じ金額を持っていて、よ〜いドンのスタートじゃない。これも、人生で言えば、才能や能力って、もともとみんな違うんだから、ということに似ているよな。

結局、その大もとの軍資金＝才能や能力と、台を選ぶ目＝自己分析と、その日の運＝人生のチャンス、この三つが揃って、パチンコも人生も、初めて結果が出るんだよな。パチンコの場合、景品交換所で、その答えが形になる。

人生の場合と違って、パチンコは結果のみ、それが答えだ。いくら、「これだけ時間と金、使ったんですよ〜」なんて言っても、何の足しにもならないんだよな。コツコツ打って、じっくりと試してみたって、意味はない。どーんと結果を出すしかない。

パチンコ屋で一日つぶすとして、百人いたら百人が違う過程と結果になるだろう。使った金、台の選び方、何台で打ったか……。

その一日が人生だとしたら、「また、次の日、打ち直せばいいや」は利かないし、「今日の損を、明日取り返す」ってことは、現世の損を来世で取り返すみたいなことを言ってるようなもので、当然、無理だよね。

パチンコ屋から出てきた時の明暗って、つくづく人生ドラマみたいだ、と思う。

職人魂がつくった期待と感激

昔、ドリフに入ってすぐのころ、東京は下町の根岸に住んでいた。当時、給料は五十万円だったかな。実際の支給額は百万円だったという話もあるけど……。風呂のない部屋だったけれど、下町でとってもいいとこなんだよね。そのころ、つき合っていた娘が根岸に住んでいたこともあって、日常生活のベースは、ほとんどそこだった気がする。

で、ある時、その娘に、「ね〜、あそこの店行ったことある？ 有名だよ、酒もつまみも安くて、美味《おい》しいらしいよ」と言われて、行ったんだよね、その店に。噂《うわさ》には聞いていたけれど、あまり大声でしゃべってはいけないところらしく、客も大人数でドカドカっと入り込んだりするのは御法度《ごはっと》。せいぜい一緒に行っても、二、三人が限度というのが暗黙のルールになっていた。

店内はカウンターだけ。お客さんは、みんな小声でヒソヒソ話。オレは、何にも知らないから、カウンターに座るやいなや、「すいませ～ん。お酒ください」って頼んだんだけど、全然出てこない。かれこれ二十分経《た》っても何にも出てこない。

　時たまカウンターのなかのオヤジが、チラ、チラっと、こっちを見るんだけど、お酒はいっこうに来ない。他のだれかが注文すると、「あいよ～」って言って注文の品が出てくる。それで、他のお客さんの注文と同時くらいに、「すいませ～ん、お酒ください」と、また言ってみても、ダマーってる。でも、他の人の品だけは、カウンターのなかから出てくる。

　しばらくして隣の人が、「おたく、初めて～？」って聞くもんだから、「はい、そうですけど」って言うと、「あのオヤジさんは、手を動かしてる間は、何も聞かないんだよ」と、教えてくれた。

　で、オヤジさんが手を休めて、こっちをチラっと見た瞬間のタイミングに、すかさず「お酒ください」って言うと、「あいよ～」って出てくるじゃない。あの時は、うれしかったね。やっと酒が飲めるということもあったけど、料理に集中する職人気質《かたぎ》のオヤジと気脈が通じたという喜びがあった。

　そのうえ、案の定というか、つまみを頼むと、これがほんとに美味しいんだよ。注文してから作るからね。その味加減がちょうどいいし、お酒の燗《かん》の具合なんかも、微妙な線の職人技で感動したな。

最近の店は、構えだけはそれなりのものも多いけど、なかで働いている人たちはアルバイト感覚だし、肝心の味のほうも職人技にはほど遠い。入る前はけっこう期待させるけど、一歩入ったらガクっとくるんだよ。やっぱり、それなりの職人さんの提供するものには、決まりごとと技がちゃんとあるんだな。

最近の若い人たちなんか、あの根岸の店に行ったら、最初のコミュニケーションのところで、めげちゃってダメだろうな。辛抱しないし。「何だよー、この店」ってことで、すぐに出て行くね。仮に、注文出来たとしても、その後、静かに黙って飲んでいられないだろうと思う。

やっぱり、期待以上の感激をさせてくれるものって、こちらも最低限度、相手を尊重することをしないと、そう簡単に味わわせてくれないものだ。

カウンターしかないという店の造りも、自分の手が回る範囲でしか、お客を取らないという考えの表れだし、小声でしゃべるルールも、ここは酒自体を楽しむための店なんだよ、っていうオヤジさんの暗黙のポリシーなんだよな。だけど、そこを読めない人は、形にはなっていない「粋な世界」というのがわからないだろうし、おそらく人の気持ちだって、わからないような気がする。

オレって酒自体も好きだけど、酒の場から漂う一本筋の通った職人さんの「気」みたいなものも、好きだね～。だから、やめられないんだな。

目的を見失ったらゼロに帰ればいい

——あとがきにかえて

困った時は原点に帰る。悩んだ時は原点に帰る。もう一回、もう一回と、何度も見直してみる。これは、オレがいつも考えていることだし、ずーっとやってきたことだ。ドリフ時代も、いつもセットをどうするかって時に、このことを実践していた。いろんなアイデアが出てきて、どうしたらいいのか混乱してくると、「じゃ、基本のベンチ一個のセットに戻って考えてみよう」って。途中まで造ってしまうと、どうしても「ここまでやっちゃったから」という気になってしまいがちだ。

煮詰まったら、いったんチャラにする。フツーの仕事でも、同じじゃないかな？ そのほうが結局、早道だし、最後はうまくいくものだ。

オレは、元来コツコツ型の慎重派で、どこまでやっても安心出来ない性格らしく、最低でも予備のプランを二つ以上持っていないと不安でたまらない。だから、何回でも見直す。リセットして、ゼロに戻してから何度でも見直してみる。すると、本来の目的がハッキリと見えてくるものだ。

「もったいない」がブレーキになる

子供のころ、油粘土で遊んでいると、そのうちに、「いったい全体、何を作ろうとしてたんだっけ?」と、忘れてしまうことがよくあった。どんどんと、いろんな形のモノをつけたり、取ったりしているうちに、もとの目的からそれてしまうんだよな。

また、うどんのつゆを作っている時、少し塩が多いから、今度はみりんを足して、その次、醤油《しょうゆ》を加えて、みたいに、どんどんバランスが取れないまま注ぎ足してしまう、なんて経験がだれしもあるだろうけど、これって、「せっかく作ったんだから」という気持ちから、何とか立て直そうとして、逆にドツボにはまってしまっている状況だ。こんな時は、いったん、ぜんぶ捨てて、一から作り直したほうが、かえって材料も無駄にならず、時間も早い。

捨てる覚悟が出来ないのと、これまで使った時間がもったいない、という考えがブレーキになるんだろうな。本来の目的を見失ったらゼロに帰ればいい、ということを頭に入れておいたらいいんじゃないかな。

旅行に行くんだって、本来はリラックスしたノンビリ気分に浸るために海外まで行ったのに、仕事よりもハードな過密スケジュールを組んで、名所旧跡巡りをはじめ、買い物したり、有名どころへ出向いて食事したり、酒飲みに行ったり……。日本にいる時よりも忙しくて、帰ってきたらボロボロで病気になっちゃった、なんて話はよく聞くよね。

どうしてももとを取ってやるぞ、とか、もったいないから……というような気持ちは、ほどほどにしておくのが、いいんじゃないかな。欲の皮が突っ張ってしまうと、いい結果なんて生まれてこないものなんだよ。

何事においても、本来の目的を見失わないことって大事だよな。だから、迷ったり、うまくいかなくなったら、もう一度、勇気を出して、原点に帰ってみる。これって、だれにでも当てはまる、人生のセオリーかもしれないな。

最近、初心に帰ることの大切さが、本当にわかってきた。

本書は、マガジンハウスより刊行された『志村流』を、文庫化したものです。

志村流《しむらりゅう》

著者　志村けん（しむら・けん）
発行者　押鐘太陽
発行所　株式会社三笠書房
〒102-0072 東京都千代田区飯田橋3-3-1
電話　03-5226-5734（営業部）03-5226-5731（編集部）
https://www.mikasashobo.co.jp
印刷　誠宏印刷
製本　若林製本工場

 ISBN978-4-8379-6275-5 C0195

王様文庫

時間を忘れるほど面白い人間心理のふしぎがわかる本

清田予紀

なぜ私たちは「隅の席」に座りたがるのか――あの顔、その行動、この言葉に〝ホンネ〟があらわれる！　◎「握手」をするだけで、相手がここまでわかる◎よく人に道を尋ねられる人の特徴◎いわゆる「ツンデレ」がモテる理由……「深層心理」が見えてくる本！

空間心理カウンセラーの「いいこと」が次々起こる片づけの法則

伊藤勇司

「心」と「部屋」には不思議なつながりがあります！　空間を整えて、人生を「開運」に導くコツが満載！　◎「きれいにしても、すぐ散らかる」の解決法　◎なぜ「最初に手をつけるべき」は玄関なのか　◎「床磨き」の気持ちよさがもたらす効果……この〝快感〟をあなたにも！

アドラー流 人をHappyにする話し方

岩井俊憲

「アドラー心理学」で話すと、もっといい関係に！　◎「わかってほしい」ときの4つの言い方◎使うと「運」まで良くなる言葉　◎気まずくならない断り方　◎感謝の気持ちを〝具体的に〟表わす　◎人を勇気づける話し方……相手と「気持ちが通じ合う言葉」実例集！

K30475

王様文庫

ちょっとだけ・こっそり・素早く「言い返す」技術

ゆうきゆう

仕事でプライベートで——無神経な言動を繰り返すあの人、この人に「そのひと言」で、人間関係がみるみるラクになる！　＊たちまち形勢が逆転する「絶妙な切り返し術」　＊キツい攻撃も「巧みにかわす」テクニック……人づきあいにはこの〝賢さ〟が必要です！

いちいち気にしない心が手に入る本

内藤誼人

対人心理学のスペシャリストが教える「何があっても受け流せる」心理学。◎「マイナスの感情」をはびこらせない　◎〝胸を張る〟だけで、こんなに変わる　◎「自分だって捨てたもんじゃない」と思うコツ……etc.「心を変える」方法をマスターできる本！

心が「スーッ」と晴れる ほとけさまが伝えたかったこと

岡本一志

幸せな人は、幸せになる考え方を知っています。◎「縁がある」とはどういうことか　◎悩んだこと、迷ったことも、一つも無駄ではない　◎どんな〝過去〟があっても——けっして人を見捨てなかったお釈迦さま……この「お話」を一つ知るたび、心がやさしくなる。

K30494

王様文庫

眠れないほどおもしろい万葉集

板野博行

ページをひらいた瞬間「万葉ロマン」の世界が広がる一冊！ ○『万葉集』の巻頭を飾るのはナンパの歌!? ○ミステリアス美女・額田王の大傑作は「いざ出陣、エイエイオー！」の歌 ○中臣鎌足の〝ドヤ顔〟が思い浮かぶ歌……あの歌に込められた〝驚きのエピソード〟とは!?

世界史ミステリー

博学面白倶楽部

歴史にはこんなに〝裏〟がある。だから、面白い！●いったい誰が書いたのか!? マルコ・ポーロの『東方見聞録』●タイタニック沈没にまつわる「浮かばれない噂」●リンカーン暗殺を指示した〝裏切り者〟とは？……浮かび上がる〝謎〟と〝闇〟！

日本史ミステリー

博学面白倶楽部

「あの大事件・人物」の謎、奇跡、伝説――「まさか」があるから、歴史は面白い！●最後の勘定奉行に疑惑あり！「徳川埋蔵金」のゆくえ●今なお続く奇習が伝える、平家の落人の秘密●あの武将も、あの政略結婚も〝替え玉〟だった……衝撃と驚愕が迫る！

K30505